शब्द माला

(कविता संग्रह)

श्रद्धा व्यास

डायमंड बुक्स

www.diamondbooks.in

प्रकाशक : डायमंड पॉकेट बुक्स (प्रा.) लि.
X-30, ओखला इंडस्ट्रियल एरिया, फेज-II
नई दिल्ली-110020
फोन : 011-40712200
ई-मेल : wecare@diamondbooks.in
वेबसाइट : www.diamondbooks.in
संस्करण : 2025

Shabd Mala (Kavita Sangrah)
by : *Shraddha Vyas*

1.

काली-काली रातों के वक्ष पर
जब चाँद रूपहरा आता है
चाँद की छवि पर
वो बुढ़िया चरखा लिए दिखती है।

करोड़ों-करोड़ों सितारे जब
कोई एक उनमें से
चाँद के समीप बैठता है
क्या मनोहर आलम सजता है।

व्योम के महाराजा अपने दरबार में
मेनका का नृत्य निहारे
देवलोक में छाई हो
रोशनी किसी दिव्य चिराग की।

दीप्त हो जब संसार
शायद दिवाली का उत्सव हो
घर-घर बर्फी बने और
आँगन किरणों का पहरा हो।

उपवन में ग्वाले किसी रास में हो
गोपियाँ श्याम धुन में खोई हो
ये कोई दुर्लभ समय का चित्र हो
फिर क्या परवाह युगांतर की।

❐

2.

रुक्मणि का सुहाग या राधा का प्रेम,
दोनों में फ़र्क़ है
बात ये अलग हे दोनो की मंज़िल एक है
कृष्ण कहिए,क्या कहते हो।

कहीं प्रीत मिली कहीं पिया,
एक दिल की रानी बनी
दूजी राजघराने की बहु
कृष्ण कहिए, क्या कहते हो।

अगर राधा को सुहाग मिल जाता
या रुक्मणि को कुछ और
इतिहास में प्रेम ग्रंथों का रूपांतरण हो जाता
कृष्ण कहिए, क्या कहते हो।

एक नदिया किनारे करती इंतज़ार
रुक्मणि राज कक्ष में देखती बाट
दोनों ही विरह वेदना से प्यासी
कृष्ण कहिए, क्या कहते हो।

एक मुरली की दीवानी
तो एक प्रेम पत्र को लिखती
कहीं त्याग तो कहीं बगावत
कृष्ण कहिए,क्या कहते हो।

आज की प्रेयसी नहीं प्रेम प्यासी
और आज की सुहागन दुनिया दारी में मसरूफ़
कहाँ आप ढूँढोगे राधा या रुक्मणि-सा समर्पण
कृष्ण कहिए, क्या कहते हो।

❐

3.

वंशधर पाने मुझ कन्या का कत्ल
माँ की कोख में ही हो गया था
कुछ चिकित्सा की लाचारी
जाँच पड़ताल पहले ही हो चुकी थी।

कहीं कोई लाचार और अनपढ़ माँ
कृदन उसका जो हुआ था
कोख से जिसे मिटाया गया
उस पुत्री प्रेम ने दुःख दिया था।

कोई सास ससुर का दबाव झेले
कोई पिता ने मुँह फेर लिया था
अगली बार पुत्र ही हो
इस धमकी ने भूचाल मचा दिया था।

कानून की नज़रों से बचकर
कब तक बिटिया का तिरस्कार करोगे
क्या कसूर जाति का
ये कुछ सोचने लायक बात है।

पुत्र पाया भी अगर
क्या ताजपोशी पा लोगे
पुत्री को मत घृणा का केंद्र बनाओ
माता रानी से क्या नज़रें मिला पाओगे।

करते हो नवरात्र उपवास
कितना विरोधाभासी है ये
पहले गर्भ संस्कार बहु का तिलक करो
फिर घर में गरबा मनाना।

❐

4.

तू भी जी ले अपने अरमान
दुनिया का लिफ़ाफ़ा ओढ़े
आयेंगे कई उतार चढ़ाव
मत मात होने देना गलत रस्मों की कंपन।

ज़िंदगी की फ़र्श पर कंटक बिछानेवाले
बहुतों मिलेंगे मीठी भाषा का चोला पहने
तेरी जीत में तुझे झुकाएँगे
तेरी वादाख़िलाफी पर तुझे तिरस्कार देंगे।

किसी गाँव की बड़ी हस्ती
या किसी शहर की छोटी शख्सियत
क्या फ़र्क़ जब बड़ी डिग्रियां लिए
बात तमोगुण तक सीमित है।

असंख्य प्रेम संबंधों में उलझे
कभी किसी कूड़े-सा बदबूदार व्यक्ति
वासना का वासी कोई किरदार
हल्के चरित्र से पहचान जिनकी बनी।

कूद जा उस असत्य बाज़ार की दहलीज़ से
तुझे मिलेंगे कई शरीफ़ दहलीज़ की दुजी ओर
अच्छाई अभी भी साँस ले रही
कर्म का सिद्धांत अभी भी जीवंत।

❐

5.

पीड़ा मिली हो तुम आज फिर
नहीं कोई नई बात
मेरे तन मन को ख़ूब चिंतित करने
जीवन की किताब पर फिर।

मेरी रातें गुज़रती हैं दुःख से गले मिल कर
निशा का काला रंग जैसे ***दिल*** को मलिन करता
कोई खोया हुआ दोस्त जैसे और गुमशुदा
ये जीवन है,तो आख़िर ऐसा जीवन क्यों है।

कुछ दर्द का रिश्ता जैसे बँध गया
मेरे सुप्त अंतर्मन में कुछ झेंप गया
विचारों की आपाधापी में
आचरण थक-सा गया है।

किताबी तसल्ली ख़ूब हुई
अनुभवों की कतार आज जैसे शंका के घिरे में
मन के किसी कोने में भय घुस चुका है
जूही की ख़ुशबू शायद मंद हों गई।

सर्द मौसम के किसी कंबल को ओढ़े
दिनचर्या ख़ूब सुस्त हो गई
सब प्राप्त होकर भी अप्राप्य हो गया
कंटक गुलाब का जीवन बगिया में चुभ गया।

ये सिलसिला जो खटक रहा मुझे
समापन की कगार पर कब आएगा
आख़िर कब तक कड़वी सुबहें रहेंगी
नहीं नहीं कुछ भी हो,फरियाद नहीं करूँगी।

जो नहीं अभी तक
उस का क्या दोष
कर्म की कहनी और कुछ नहीं
भोग रही हूँ अपनी ही करनी।

❐

6.

पंचवटी समान बन जाए जो कमरा
राम जी का जप करती रहूँ रात भर,
नयन से निद्रा हटाकर सिया राम को बिठाऊँ
और खिड़की से चंद्रमा को बुलाऊँ।

राम माँगे जो चाँद मुझसे
उसे भी लाने का प्रबंध कर लूँ।
बाट देखती रही,बजरंगी भी कुछ बोले
लव कुश के लिए खिलोने भी सजा दूँ।

इस पंचवटी का द्वार खुला छोड़ दूँ
कुंडी भी न लगाऊँ
बेला और मोगरा आँगन में लगा दूँ
कच्ची मिट्टी से सोंधी ख़ुशबू फैला दूँ।

सबरी से दोस्ती कर लूँ
मिलकर उनसे बेर थाली में रखूँ
कौशल्या माँ से खीर बनवा लूँ
आमंत्रण पत्रिका पूरी अयोध्या में बाँटू।

राम जी का तीर कमान चमका रखूँ
उनसे कहूँगी हे मर्यादा पुरुषोत्तम,
परास्त कर दो हर रावण को
सबका मंगल कर दो।
दुनिया में अशांति बहुत छाई है
आप कुछ तो करो
भक्ति विवश ना जाने दीजिए
श्रद्धा का मान रख दीजिए। ❐

7.

जीवन के निठूर पलों में
तुम ना मिले तो
कोई दूजा भी ना मिला
तन्हा गुज़ारी थी मैंने वो शाम।

गुलाब की पंखुड़ी बिखरी पड़ी
कोई कुचलकर राह चल दिया
नहीं ये केवल दुखद घटना
है प्रकृति पर खुल्ला हमला।

मैं प्रकृति की मनोहर तस्वीर
लिए, फिर रही थी घाटियों में
याद तुम्हारी आती रही
हर पग में, हर कदम पर।

मुझे देख वेदना में डूबी,
प्रकृति बोली थोड़ा धीरज रख
पतझड़ ख़त्म होने को है
बहारें फिर छाएगी कल।

मेरी पायल की खनक आज मिजाज में है
दूर-दूर तक शोर फैला है

उस खनक की कसम ध्यान दो
मिलाप कहीं ना यूँ ही चला जाए।

मृगतृष्णा मुझे दिखी है
कुछ यूँ तार हिल गए
सघन भावनाओं को
तालियाँ दे निकल जाएँगी।

मौसम बदलने को है,
कुछ नवीन बातें कर
कल ये मलाल ना रह जाए
मैं ना कुछ बोली, और तुम ना कुछ कह पाए

❐

8.

कुछ रिश्तों की महक सँभाले
हम बगिया जीवन की महकाए
प्रति पल लगता था ये हमेश रहेंगे।

काल के थपेड़ों में जो गिर गए
कल्पवृक्ष के फल जैसे गिरे
सोचा था फल ये स्वर्गलोक प्रवेश रहेंगे।

जीवन की नोटबुक में कुछ दर्ज़ नाम
लगता था पन्ने समेटे रहेंगे
परीक्षा के पलों में देते निर्देश रहेंगे।

कुछ उत्सव आए हर साल
जीवन में उत्साह वर्धन किए
लगता था ये निर्मित विशेष रहेंगे।

काव्यपाठ मंच पर बेशक किए
किंतु श्रोता कुछ ठंडे प्रतिसार दिए
क्या फ़र्क़ फिर देश हो या विदेश रहेंगे।
सदन बड़ा, कमरे शानदार
किसी महल से कम ना थे
होता था फिर वास गणेश रहेंगे।

कुछ भी अतिरेक आसक्ति ना भला
मुट्ठी भर माया रह जाएगी
सत्य ये मात्र प्रवर्तित प्रदेश रहेंगे। ❒

9.

प्रारब्ध की है प्रार्थना,
कुछ यूँ बीते ये जीवन
दूरियाँ दरिया में डूब जाए
निर्मल आनंद में समा जाएँ।

कल्पवृक्ष पर जो नीड है
नवजीवन से चहक उठे
सूर्य का उजाला लाए कुछ नवीन संदेश
जिसे सुन झूल उठे प्रकृति इंद्रधनुष पर।

शंख दे निनाद किसी महासागर तट पर
मलिन हाला अदृश्य हो किसी क्षितिज रेखा पर
विवशताएँ उबल कर किसी आकाशगंगा में मिट जाए
एकमात्र शिव शिव बोले हरसु।

पृथ्वी के पाप पराजित हो
सत्व का विजय गीत गाए हर खग
नयनरम्य हो जाए हर उपवन
कृष्ण कुंज में प्रस्थापित हो हर जीव।
सिंदूरी संध्या कुछ यूँ उत्सव का आह्वान करे
घर-घर ज्योत ख़ुशियों की फैले
हर हृदय आवास में खिले जूही के पुष्प
हे प्रभु, प्रार्थना ये वास्तव में आप अभिसार करों।

❐

10.

मन लाग्यो यार बैराग में,
फ़रेबखाना है ये दुनिया
आज कोई अपना-सा
कल नाम भी उसका रात में विलीन।

खो चुका है मन रसिक छंद में
काव्य का काग़ज़ आज कोरा रह गया
विचारों के तार पायल की छन-छन
दर्पण भी मैला हो गया है।

श्रृंगार रस से सराबोर ये कविता
लिए प्रेम का रंग
मीठे घाट का पानी भी कुछ साथ
यद्यपि मन यादों के साँकल में बंद।

किसी उपवन की तलाश में
भटके है ताल नदिया
सीता मैया-सी पंचकुटी
राम के इंतज़ार में।

हरे पेड़ों का झुरमुट
बने है मेरा बसेरा
धूनी जलाकर प्रभु नाम करूँ
शब्द के कतार लिए फिर काव्य में खो जाऊँ।

जंगलों,पर्वतों से प्रकृति देती खान पान
मृग और मयूरा मेरे साथी,
हम झील के जल से स्नान करें
सुदूर शिवाले में दर्शन किए।

अब तो भय भी मिट चुका है
शेर की दहाड़ भी किसी सूर संगीत लगती
क्या दिलगिरी फिर रखनी
हे प्रभु, ये स्वप्नलोक का दृश्य मात्र है।

❐

11.

सत्य है, तुम और में, अलग-अलग हैं,
शायद हमारा प्रेम संबंध तभी मुमकिन हुआ
वरना भीड़ के समुंदर में कौन किसको पूछता
ये है नियति का निराला खेला।

काश कि विरह वेदना से तुम भी परिचित होते
कुछ बरखा मरुथल को भी नसीब होती
झील के केंद्र में एक पंकज खिलता
अलंकारों से सजी राजकुँवारी हमें भी मिलती।

ये नारी और नर का अद्भुत संगम है
कुछ धूप की आँच गुलाबी हुई
किंतु हम आकाशी मेले में यूँ जुदा हुए
जैसे कोई गर्दिश में सितारा बिखर पड़ता।

कितनी दफ़ा दिल ने आह्वान दिया तुम्हें
किंतु तुम थे किसी कश्मकश में,
ख़ुद की उलझन से जब ना सुलझे
क्या हमारे संबंध की पेचीदगी समझते।

कुछ घुमड़-घुमड़ बादल लाए संदेश
तुम कहीं किसी के साथ हो
नहीं है ये कोई अचंभा
आख़िर सत्य है,तुम और मैं अलग-अलग हैं।

❐

12.

क्या तुम भगवान को समझ पाए हो,
जब बुद्ध की कक्षा तक ना पहुँचे कई
और ना ही कृष्ण को पहचान पाए
शिवजी का प्राकट्य भी एक रहस्य बना है।

शायद ये क्षण ये कविता मेरी
उस दिव्य शक्ति को फरमान दे
ये मुमकिन नहीं लगता अपितु
आख़िर मैं भी तो साधारण मानवी हूँ।

कलियुग में भी कितने चमत्कार होते
और होना उनका लाज़मी है
अकड़ तुम्हारी तुम्हें ले डूबेगी
मान ही लो,तुम ईश्वराधीन हो।

भगवान का स्पर्श प्रति पल होता सबको
यदि मैं गलत हूँ,मंदिरों में मंगल आरती बेला
भीड़ भक्तजनों की क्यों उमड़ती है
उस कुछ पल का दर्शन क्यों इतना आह्लादक है।

श्रद्धा का विषय सब कहते हैं
वरना वेद व्यास कभी भी महाभारत ना लिखते
तुलसी से हनुमान चालीसा ना रचित होती
वाल्मिकी रामायण भी असंभव थी।

किस रूप में ईश्वर आ जाए कौन जाने
जिस दिन मंदिर बहार किसी भिक्षुक को दान दो
और उस पल कुछ दिव्य अनुभूति हो जाए
समझ लेना ईश्वर आसपास ही है।

❑

13.

मै शायद चनार का एक पत्ता हूँ
झुककर भी जो जमींदोस्त हुआ
आज अपने इस नसीब पे उदास हूँ।

बर्फ़ की चादर में लिपटा मेरा तन
ठंड को महसूस किया
फिर भी सोने सा एक मिदास हूँ।

सूर्य की आँच मुझे ना गर्मी दे पाई
हिमालय मेरा प्रेरणा स्त्रोत रहा
हर हाल कोशिश की बिंदास हूँ।

मेरे दोस्त मुझे याद करते
पेड़ की जड़ों में छिपा रहा
उजाला यद्यपि दूर जैसे सूरदास हूँ।

मेरे स्वप्न थे कुछ और दिन टहनी से लगा रहूँ,
पूर्वाइयों में झूम जाऊँ
और जड़ कुछ कहे मैं शाबास हूँ।
फिर किसी बाशिंदे ने मुझे उठाया
रखा अपनी किताब में
आज मैं उस कवि की किताब का लिबास हूँ।

मुशायरों में पहुँचा हूँ आज
मंच से दुनिया देख रहा
नहीं कोई ख़ौफ़ बिलकुल निखालस हूँ। ❐

14.

तुम चाहते हो मुझे छोड़ना
यक़ीन नहीं तुम्हे गहरा कितना इश्क़ है
जड़ से कभी निकाल ना पाओगे,मेरे अश्कों का
पाताल है।

दूरियाँ साधते हो तुम कब से ना जाने
हाथ मेरा छोड़ कर ख़ुश ना रहो
बात मुख़्तसर सी है,जन्मों का सवाल है।

चैन पा सको तो पाकर भी क्या
मेरे इश्क़ का कायल है तू
मुझे क्या पता कितना तू बेहाल है।

दिन बसंती बीत गए,
तम जूही की कलियाँ हैं
मनहूस बड़ा ये काल है।

बाज़ार में दुकानें बंद-सी हैं
नहीं ख़रीद पाओगे तुम किसी को
ये आसमान बड़ा विशाल है।

जीवन के इस हवनकुंड में,
में आहुति रोज़ देती हूँ।
हर दिन नया संकल्प लेती हूँ
संजोगो से कभी भी विवश ना होती हूँ।

मेरे खोए-खोए से नेत्रों से
यादों की खारी बूँद रोज़ टपकाती हूँ
खुशी के बालू से रोज़ नए महल बनाती हूँ
फिर उन महलों को ख़ुद मिटा देती हूँ।

मेरे शुष्क लबों से लाली प्रीत की,
रोज़ नया रंग देती हूँ
और कपाल पर बिंदिया सजाती हूँ
फिर इस श्रृंगार को दर्पण देती हूँ।

पायल मेरी खनक रोज़ करती है
अपितु उस धुन को रोज़ नया एक ताल देती हूँ
मैं दर्द मेरी एड़ियों का ख़ुद एहतराम करती हूँ
बिन घुंघरू के,रोज़ नया नृत्य करती हूँ।
भीड़ में अपने आप को आवाज़ देती हूँ

किसी प्रेम कवि का नाम लेती हूँ
जीवन के मंच पर हाजरीन होती हूँ
रोज़ नई कविता पेश करती हूँ।

मंदिर में अक्सर माथा टेकती हूँ,
घंटों से सोए भगवान को रोज़ जगाती हूँ
मथुरा से द्वारिका का सफ़र रोज़ करती हूँ
नित नए कृष्ण को स्वप्न में दर्शन करती हूँ।

❐

15.

गृह द्वार पर स्वस्तिक बना,
शुभ और लाभ भी लग गए
आज अतिथि विशेष के लिए तरसी नज़रे
स्वागत आओ मेज़बान तैयार है।

रसोई में चूल्हे पर गलती हुई दाल
संग चावल भी, सब्जी भी व्याकुल
थाल प्याले सब उछाल रहे
छप्पन भोग चढ़े भगवान को।

बनारसी साड़ी में सजी संवरी नव वधु
कुंदन जड़ित चूड़ियाँ खनकाती
पायल की भी ज़िद है
इतर से महका पसीना, बोले आ भी जाओ।

रोज़ हर आंगन में खेलता कोई पुष्प
तुलसी की मुस्कान,कहती है भाग्य हमारा
पधारेंगे आज कोई मेहमान
पूर्वा से डोले तोरण द्वार पर।

लाल चटाई बिछी ज़मीन पर
चरण धुली अतिथि को खोजे
झुम्मर चार चाँद लगाता पंखे का हमजोली
ओह, अचानक कोई आया, धन्य है।

❐

16.

आप मुख से भले स्मित दिखाओ
अंतर से मैं जानती हूँ
मेरे कर्मों की भुगतान पर
जितनी मैं पीड़ित हूँ,आप उतने ही व्यथित हो।

संसार में फैले तमस को
समूल उतार दीजिए
आप विष को भी पचा लेते हो
आप के लिए कुछ भी दुर्भर नहीं।

हे भोलेनाथ,आप पिता तुल्य हो
इस पुत्री की पीड़ा हरो
अभिषेक किया है मैने
शिवाले के चक्कर काटे।

रातभर बिली पत्र शिवलिंग पर
यूँही जिसने अर्पित किए थे
उस शिकारी से तो मैं कई गुना अच्छी हूँ
फिर इन जीवन पन्नों पर मत करनी का फल दो।

समुद्र मंथन आपने सफल किया
मेरे जन्मों जन्म के पापों का
मैं फल भोग चुकी
मेरी सहन शक्ति को अब मत तोलना।

मेरी नेत्रों से बहे लहू के आँसू
कभी तुम भी साधारण मानस बनो
पता चले पर पीड़ा क्या है
देवता हो,इसलिए क्या यूँ ही मूरत बने रहोगे।

कैलाश पर आप ध्यान मग्न हो
कभी तो नीचे झाको
संसार पर कितना दुःख छाया है
हे आशुतोष, जागो, अब तो जागो।

क्या आप साक्षी नहीं
मुझ पर हुए जो अन्याय
अपमान के घूँट मैने भी पिए है
सिर्फ़ पिए ही नहीं,उन्हें ग्रहण दोनों हाथों से लिए।

शिव पुराण सुनते-सुनते
माँ के गर्भ में, मैने जन्म लिया
क्या आप सचमुच करुणा के सागर हो
चंद्रकांत बने हो,।

मैं बहुत कुछ सह चुकी हूँ
अब आजमाइए अपने दिव्य चक्षु से
त्रिनेत्र खोले अब, मेरे भी जीवन में
छाए दुःख के बादल, तांडव करके उसे भगाए।

शिव शिव शिव। ❐

17.

हे पूर्ण परमेश्वर भगवान
आप सर्वत्र विराजमान हो
मेरी सिसकी में ग़र वास्तव में पीड़ा है
आपको सुदर्शन चक्र फिर उपयोग करना है।

राधा के साथ आप पुरुष प्रकृति बन
इस विशाल श्रुष्टि के रचनाकार हो
आपने प्रेम को परिभाषित किया
आज मैने कुछ खोया है।

हे कृष्ण, आप चंचल हो
किंतु आप जैसी संवेदना कहाँ
द्रुपद सुता की लाज आपने रखी
भारत भर के इस कलंक को आप ने ही मिटाया।

अश्रु कोश मेरे कहीं ख़त्म ना हो जाए
मैं विवशताओं को नहीं लांघ पाई हूं
मेरा हाथ थाम लो,है कृष्ण
मुझे आप के चरण पादुका का स्पर्श करने दो।

जन्मों-जन्म द्वारकाधीश ने राज पाठ चलाया
आज सोने की द्वारिका क्यों सागर में है
तुम मानव जन्म ले चुके हो
भक्तों को उस सुंदरतम राज्य से क्यों वंचित किया।

सदा अग्रसर आप के मंदिरों में
कितने ही भक्त उमड़ते हैं
उस भीड़ में कहीं मुझे मिलने आओ
मैं नहीं मीरा जो विष ग्रहण कर पाऊँगी।

आख़िर मेरा आपका संबंध
भक्त भगवान का है
सदा मेरा हाथ नीचे और आपका ऊपर रहेगा
आप अपनी दया दृष्टि देते ही रहिए।

आज कल जो हो रहा
आप जाने क्या हो रहा
हंस दाना तिनका खाता
कौआ मोती ग्रहण किए।

अनल-सा तपता कुंदन
क्या आग है, केवल वो ही जाने
किंतु उसका ढाँढस आपसे है
श्रद्धा सर्वत्र फलियती।

❐

18.

यह मत समझ तू छोटा है
तेरे कद से कब ख़ुदा हँसा है
तेरे दर्पण भले ही चिढ़ाते रहे प्रति पल
तेरे चेहरे को कभी बदसूरत मत समझ।

तेरे लिखे गीत गालिब की याद दिला दे
निचोड़ दे अपनी उर्मियों को उनमें
तेरे ईमानदार जज़्बात राम भगवान को भी प्रसन्नचित कर दे
कलम की धार को यूँ ना व्यर्थ किसी आलस्य में
घिसा देना।

तेरे आँसू अनमोल हैं
तुझे क्या पता कितने करोड़ की कीमत
समंदर भी उन्हें अपने मोती समान दुलारता
क्या पता तेरा शांत चित्त कब ना जाने साक्षात क्षीरोदक्ष-
-विष्णु को भी प्यासा कर दे।

बिपाशा कितनी ही तुझे पीछा रखे
आकांक्षाएँ कभी तो तिमिर को भी मिटा देगी
मत इनकार प्रणय , किसी के ,करना
तेरी लाख संभावनाएँ कभी तो स्नेह मिलाप मुमकिन करेगी।

पीड़ा का हर स्वर आत्मसार कर ले
क्या पता किसी दारिद्र से पंकज कुंदन जन्म ले ले,
किसी रूदाली की सिसकी की बाट मत देख
तू पीर अपनी ख़ुदा तक पहुँचा दे।

हार अगर हो जाए कोई योद्धा
समर समाप्त नहीं होगा
तलवार की नोक तले तू जंग लड़
तीर कब तरकश से छूटे,इसका इंतज़ार मत कर।

❐

19.

प्राची दिशा से उद्गम हुआ
जिस सुनहरे सूर्य का
उसी मनोहर प्रकृति में पल रहा एक दिन नवीन।

अवंतिका गमन करने पहुँचे कितने पथिक
संग चली गोपालों की टोली
इस अनंत विहार का स्वाद ले रहा हर जन।

पिपासा त्याग चलते हरिद्वार
राम मिलेंगे नदिया के पार
संग मिलेंगे सिया और लखन।

रेलगाड़ी की खिड़की से
दृश्यमान होते हरे खेत खलियान
ये सुबह एक नए विश्वास को पाल रही।

शुष्क हुआ गला
किंचित उसने गंगा की सजल रेखा ना छोड़ी
तृप्ति का एहसास एक सुकून देता है।

यात्रा का प्रथम पड़ाव हुआ सफल
मंदिरों ने भाग्य हमारे खोल दिए
दर्शन से जैसे आत्मा धन्य हो गई।

हारिल उड़ान भरता नभ में
जैसे संदेश पहुँच गया
वैकुंठ से देव गण जैसे फूल वर्षा कर रहे।

प्रफुल मन से पूजा करते
अंतर खोल प्रार्थना करते
इतना संतोष कहाँ नित नसीब होता।

अनल है गर सूर्य,
मिश्री है चंद्रमा
व्योम बना कैनवास,जिस पर यात्रालु मन के रंग भरते।

बहुत कुछ भरा पड़ा है इस अखिल विश्व में
घर की चार दीवालों से बाहर निकल
एक रमणीय श्रृष्टि,दृष्टि हेतु ही रची प्रकृति ने।

❐

20.

मेरे नयनकक्ष में मुझे खोजनेवाले
तुम्हारे प्रयत्न व्यर्थ ना जाएँगे
मैं तुम्हारी थी,हूँ और रहूँगी
चाहे संजोग कितने ही विकल क्यों ना हो।

मेरे जीवन की झुरमुट में दावानल-सा आया
तुमसे दूरियां जो बढ़ने लगीं
मैं आज तक नहीं भूली अपनी चाहत
मुझे प्रेम प्रतिज्ञा हर पल कोसती है।

कुछ होगा अपना लेखा जोखा
सो जो होना है वो हो जाए
नहीं कहीं पर लेश मात्र कोई दुविधा
रश्मिरथी बनना जीवन के इस युद्ध मैं,नहीं नहीं।

तुम दे चले थे अपने वादे
आज तुम किसी और का सिंदूर हो
वादाख़िलाफी होगी तुम्हे मुबारक
हम वफ़ा का दिया हथेली पर आज भी जलाते हैं।

जीवन की राह बदल चुकी है
हम लक्ष्य की ओर बढ़ चले हैं
हमारा पाया क्या तुम समझोगे
जब खोए को भी ना समझ पाए।

लाख सितारों की चमक जब
घोर निशा में भी फीकी हो जाती
मेरे किए हज़ारों एहसान भी
वक्त की सुई से मिट जायेंगे।

अपने संबंध की बरसी मना चुकी
आज कोई विद्रोह ज़माने से नहीं
किंचित अन्याय मैने ही सहा था
खैर जो बीत गई सो बात गई।

❐

21.

मुझे भा गई नीली पीली चूड़ियाँ,
जैसे अम्बर को सजी ऊषा की किरणें।
काँच की ये चूड़ियां,खनकाती मैं चली
कुछ अंतर मन को श्रृंगार करती ये चूड़ियाँ।

इन चूड़ियाँ की खनक से ना जाने
शुष्क-सी दुनिया मेरी,जैसे कोई रण
यूँ अचानक चमक उठी सजल झील के समान
रंग नित नए फैला रही जैसी ये चूड़ियाँ।

मुझे ताक रही हो जैसे
चिढ़ा रही हो मेरी सुनी कलाई को
उस लुका छुपी में
विजय रथ हाँक रही जैसे ये चूड़ियाँ।

किसी शून्य से मेरे मन की डिबिया
सीप मोती से भरा , कोख पाल रही
किसी सादगी की महा मूर्ति
सजा रही मन मंदिर के परिसर को।

बैसाखी के पर्व पर जैसे भांगड़ा हो
मेरे तन पर मेरे आंचल पर
उत्सव किसी रोज़ मना रही हो
ताल पर मेरे गीतों के, अखिल नृत्य करती।

कुंदन के कंगन दूर अलमारी से
झांक रहे हो
प्रतिस्पर्धा किसी युद्ध समान हो
मोर्चा सँभाल रही ये चूड़ियाँ।

मेरी जीवंत सहेली ही सही
मुझे हर स्पंदन से परिचय करवाती
हर खनक में, जीवन को प्रफुल्लित रखो
संदेश दे जाती,ये मेरी नीली पीली चूड़ियाँ।

❐

22.

जीवन के इस हवनकुंड में,
में आहुति रोज़ देती हूं।
हर दिन नया संकल्प लेती हूँ
संजोगों से कभी भी विवश ना होती हूँ।

मेरे खोए-खोए से नेत्रों से
यादों की खारी बूंद रोज़ टपकाती हूँ
ख़ुशी के बालू से रोज़ नए महल बनाती हूँ
फिर उन महलों को ख़ुद मिटा देती हूँ।

मेरे शुष्क लबों से लाली प्रीत की,
रोज़ नया रंग देती हूँ
और कपाल पर बिंदिया सजाती हूँ
फिर इस श्रृंगार को दर्पण देती हूं।

पायल मेरी खनक रोज़ करती है
अपितु उस धुन को रोज़ नया एक ताल देती हूँ
मैं दर्द मेरी एड़ियों का ख़ुद एहतराम करती हूँ
बिन घुंघरू के,रोज़ नया नृत्य करती हूँ।

भीड़ में अपने आप को आवाज देती हूँ
किसी प्रेम कवि का नाम लेती हूँ
जीवन के मंच पर हाज़रीन होती हूँ
रोज़ नई कविता पेश करती हूँ।

मंदिर में अक्सर माथा टेकती हूँ,
घंटे से सोए भगवान को रोज़ जगाती हूँ
मथुरा से द्वारिका का सफ़र रोज़ करती हूँ
नित नए कृष्ण को स्वप्न में दर्शन करती हूँ।

❐

23.

ऐसी बातों पर क्या शोग मनाना।
तुम थे कभी एक बालक
पाठशाला के वो भी क्या दिन थे
आज जब तुम गुज़रते हो इस राह पर
नमी भरी आँखों से ताकते वो कक्ष
ऐसी बातों पर क्या शोक मनाना।

कॉलेज की कैंटीन में तुम थे तानसेन
नौ रत्न दरबार-सा अजूबा सजता
आज जब उसी में से किसी एक
सहपाठी का फोन आता,तुम व्याकुल होते
ऐसी बातों पर क्या शोक मनाना।

नौकरी नई-नई थी
पहली पगार जब हाथ आई
भावुक होकर तुमने पिता को एक किताब दी
आज भी पिता की चंदन हार जड़ित तस्वीर रुलाती
ऐसी बातों पर क्या शोक मनाना।

प्रथम प्रेम की वो पहली बारिश
मिट्टी की सोंधी महक में जब वो मिली
तुम हाथों में हाथ लिए घुमा करते
आज वो किसी और की अमानत है
ऐसी बातों पर क्या शोक मनाना।

परिणय सूत्र में बँधे तुम
जीवन साथी की वो पहली पुकार
जीवन का अमूल्य पल था
आज भी शहनाई तुम्हारे कान गूँजती
ऐसी बातों पर क्या शोक मनाना।

जीवन के रंगमंच पर
मंज़र आते जाते
अच्छे बुरे अनुभव होते रहते
कुछ मिल का पत्थर होते
किंतु उन्हें याद कर, रुकना मना है
सो कहती मैं,मत शोक मनाना।

❒

24.

थोड़ा सहज,सुगम,कीजिए
सुपथ पर रुक-रुक अपने कदम को जांच
निकल पड़ा है तू जिस लक्ष्य की ओर
अपनी जड़े उस पर छाप।

कौन तेरा हमकदम बना
कितने लहू के रिश्ते शामिल उनमें
कब तक तूने रोटी पराधीन होकर खाई
कितना मोल तूने स्वयं को आँका।

आज जग हँसाई हुई कितनी
या कितनों ने तुझे ठगा
नहीं इस बात का अर्थ रह गया
सोच कितनी दफ़ा तूने मिट्टी बदन से छानी।

कहीं तू बड़ा भक्त बना
देव स्थानों में माथा टेका
और वापसी में कड़वी जुबान
अपनों को खरी-खोटी सुनाई।

तूने पक्ष ग़ैरों का लिया
दर किनार कर डाला रिश्तों को अपने
कितना जी जलाया अपनो का
कितनों को अपमान के ताने कसे।

व्यर्थ ही हवन कुंड में आहुति दी
नहीं मन तेरा तब आचमन में था
जाग उठ सँभाल अपने बहके कदम
कोई भी भगवान तुझे प्रत्यक्ष नहीं सजग करेगा।

तेरा अंतर मन ही तेरा भाव साक्षी
तू अपनी आत्मा को सुन
कुपथ से दूरी रख
तुझे कई जीवन सँभालने है।

❐

25.

इक सरस सरील विशाल विषय हूँ मैं
विषाद-सा खुला दुःख का द्वार हूँ मैं
मेरे अब तक के जीवन का कथा सार
पाओगे मुझ समान कितने ही जीव ब्रह्मांड में।

उन्मुक्त किसी गली का बाशिंदा हूँ मैं
बेचैन हूँ, उद्वेग में हूँ, बड़ी उदासी में हूँ
मेरे अश्रु ग्रंथ अब सूख चुके हैं
मात्र सिसकियाँ कोरी-कोरी अब है निकलती।

मेरी पीड़ा तुम क्या समझोगे
जब पर पीड़ा का अभ्यास नहीं,
रूप को इतना महत्त्व देते हो
कभी तो आत्मा का जलवा भी स्वीकृत करो।

विमुक्त ताल पर गोल घूमती पृथ्वी
कितनी पीड़ा कुदरत को होती
ये अविरत शाश्वत जंग है
मानवता का कुदरत से परचम है।

दानव ने जब छोड़ा ना राम कृष्ण को
हलाहल क्या हारेगा मनुज की ताकत पर
मुझे भी कुछ ऐसे अनुभव हुए
सर्प-सा संघर्ष खड़ा है हृदय द्वार पर।

पल पल मैंने सुरक्षा की चादर ओढ़ी
परिवार का साथ कभी ना छूटने दिया
मेरे मन को लुभाते हैं कितने ही झूले
भर जेठ में घर-घर लगे जो,कुछ तो सुकून मिला।

बरखा दस्तक दे रही है
उमड़-उमड़ बादल छाए आकाश में
सूरज की तेज़ धूप मंद हो रही
अहो मेरे जीवन के प्रश्न भी सुलझने लगे।

किसी दिन खुशियाँ अपार आएँगी
सरसराता गम का अस्तित्व ख़तरे में होगा
अमा का तम हारेगा,रोशनी की कतार राह पर बिछेगी
महाशुन्य से नव चेतन की ओर मेरा भी जीवन कूच करेगा।

❒

26.

ऐ दोस्त, तू अपनी हसरतों
को समझ
समझ और उन्हें न्याय दे,
कब सूखे लबों को प्याला नसीब हो
दिल के कोनों में जो सिकुड़ी हैं, कब उन्हें आज़ादी मिले।

ऐ दोस्त, तू अपनी हसरतों को समझ
जो जन्मों जन्म की साँकल है
याद कर पिछले जन्मों की अपूर्ण बातें
तेरा ये जीवन उस अपूर्णता को पूर्णता में रूपांतरित कर।

ऐ दोस्त, तू अपनी हसरतों को समझ
रेशम भी कभी कीड़ा था
कुछ भी तेरे भीतर मलिन नहीं
अपनी दबी हुई देह की गूँज को सांचा दे।

ऐ दोस्त, तू अपनी हसरतों को समझ
याद कर तुझे समंदर में स्नान करना था
थी किसी जन्म की तीव्र प्यास,
मत डर डूबने से,बस छलाँग लगा दे।

ऐ दोस्त, तू अपनी हसरतों को समझ
कभी होली के रंगों की थी लालसा
इस बार झिझक त्याग दे
अंग अंग को गुलाल में रम जाने दे।

पिपासाओं को मत कभी क़ैद कर
कुछ पलों के लिए ही सही,वरुण देव को अपना
कादम्बिनी की कोख से निकले जल बिंदुओं में
एकरस हो जा
रात की जादुई क्रिया से आविष्कृत ओस को हथेली
में संकुचन कर दे।

अपने सदन में कब तक कैद रहेगा
खोल दे झरोखा,बाहर एक नई दुनिया बाट देख रही
लाल, सुनहरे नीले आकाश से संदेशा ले
या फिर हरियाली किसी विपिन की,आलिंगन कर
दे!!!!!

❒

27.

काश समय जितना
दिखता है
उतना सरल होता
रेत के गिरने का मतलब
प्राचीन समय से केवल ना होता।

दीवारों के गहरे हल्के रंगों पर
टँगी हुई एक घड़ी
मर्त्य मानव को ना चुनौती देती
उसकी सुई बहते वक्त को ना परिचय देती।

मानव जीवन को यूँ ही गवा मत देना
तेजाबी परीक्षाओं में उत्तीर्ण होकर दिखाना
सीख भले किताबी रहे
फैसले अपितु सोच के आधीन होकर लेना।

गालिब के शेर जब रात भर का सबब बने
काग़ज़ को यूँ ही कोरा मत छोड़ देना
कलम की तेज़ रफ़्तार तुम्हें आहोश लेनी है
अपनी अँगड़ाई को भी रोक देना।

जूही तो खिली केवल मुरझाने हेतु
तुम अपनी जीवन लतिकाओं को
अपने कुसुमित जन्म को
अमर की बेल बनाए रखना।

साँसों की मधुर-मधुर आवन में
भर लो तुम कहकशां के स्पंदन
स्पर्श मिले शायद किसी देवदूत का हाथ
उस दर्शन को,दर्शनीय बना दो,आँखें मूँद लो।

कर्मठ हो अगर तुम,कर्म का सिद्धांत जानो
निकृष्ट भले जग संसार तुम्हें नाम दे दे,
तुम किसी उर्वशी का रूप मात्र घायल हो
स्वर्ग की चेष्टा में मत सहजता भरा पल-त्याग दो।

ये समय बड़ा मन मोहक है
तुम्हें त्याग का पाठ प्रायः सीखना है
कमज़ोर मनोबल से मिट ही जाओगे
लोह का सिंधु बन के दिखाओ।

❑

28.

हरी भरी वसुंधरा की गोद में
झूम रहे हैं विटप कोने-कोने में
ये ऋतु चक्र का कुछ अनूठा नाद है
मन को तरंगें छू रही,आत्मा को भी सुकून है।

सुदूर क्षितिज के पार आज जलसा है
उमस गई, गर्मी गई, कंटक सब विलीन हैं
जो शीश जले थे गर्मी में
आज उनके माथे बरखा का ताज है।

नीड से निकल रहे खग की टोलियाँ
विचारशील हैं मधुर-मधुर ध्वनियाँ
ये बहार ये वर्षा का नाच है
कहकशाओं को सजा रही ये प्रकृति का जादू है।

प्यासे उपवनों के झीलों से
आज झाँक रही है सजल कथाएँ
किसानों ने आज दुलारा है ज़मीन को
काग़ज़ की कश्तियाँ भी आज निकल पड़ी।

शिव शक्ति की कृपादृष्टि है
पींछधर भी आज जैसे मुस्का रहा
ये दामिनी की गूँज संदेश दे रही
ख़ुशियों का वक्त आ चुका।

❐

29.

यूँ तो तू चला गया है इस हसीन मौसम में
बीती रातों को त्याग चुका है एक ही पल में।
मेरी पीड़ा को बिन समझे ही मुँह फेर गया
इस राह पथ पर प्रेम की भाषा बदल चुका है तू।

सूरज की रश्मियों से जोड़ कर रिश्ता देख ले
कुछ निराला पाएगा तू संकल्प अपना बांध ले
मनोबल के आगे क्या व्यथा क्या दुर्बलता क्या बेबसी
ऐसा भी क्या तूफान मचा तू भयभीत हो चला।

मुझे वादा ख़िलाफ़ी का सबक तुझसे मिला
मैं अपनी भावनाओं की मरुस्थली बनाती रही
एक सिंदूर था जो रक्त से भिड़ चुका
मेरी सुनी हथेलियों पर चूड़ियाँ नाराज़ हो गई।

तेरे लिखे पत्र मैं खाक में झोंक आई हूँ,
आख़िर भय और उदासी की प्यालियाँ पी गई
शहर छोड़ कर आज नया जीवन प्रबल करती हूँ
अलविदा कहती हूँ तेरे नाम को भीतर।

❐

30.

तुम्हारे प्यार को कैसे समझूँगी
तुम्हारे इकरार को कैसे समझूँगी
ये किसी बेबस दिल की है फरियाद
तुम्हारे दिल को दस्तक देती कोई आवाज़।

मौसमों में है जादू का कोई फरमान
खिलते हुए गुलमोहर की है ये पुकार
सुर्ख़ रंगों में धुले हुए दुपट्टे की सरगम
या कजरारे नैनों की पावस में तड़पन।

तुम्हारी सिगरेट के धुएँ में जलती बुझती हूँ मैं
तेरे सिरहाने वाला वो रेशमी रुमाल
मुझे ना जाने क्यों इतना तड़पाती
तुम्हारी बहकी-बहकी-सी आवाज़।

चमकती हुई बिंदियों से
मेरे माथे की माँग तक
तेरे हाथों में रुका-रुका-सा सिंदूर
ये घड़ी कुछ शुभ-शुभ प्रतीत है।

क्या हुआ अगर वो सुर्ख़ जोड़ा
मुक्कमल न हुआ वो परिणय
मेरे हाथ की रेखा आज भी
अंकित तेरे नाम से।

तुम्हें कसम है मेरी पायल की
वो शोर था या कोई यूँ ही
मेरे मन की कोई प्यास
आ भी जाओ सनम।

❐

31.

जो रीत ना बदले, मीत ना बदले
मैं बात करूँगी उसी विराट मन की
जिसने सोना को भी पीतल समझा
जब बात आई आज़ादी की
नहीं नाम से कोई उसे जानता
तो क्या हुआ अगर वो सैनिक था।

छोड़ा था जिसने अपनी माँ को
भूला जिसने अपने साथी को
बलिदान की वेदी चढ़ा दिया था माथे को
क्या वीर पुरुष क्या सैनानी नाम दे उसको।

क्यों ना हम इनको याद करें प्रति पल
राष्ट्र पुरुष है देश अपना
साँसें है जिसकी आधीन इन वीरों की
हम कितने कृतज्ञ इन महानुभावों के।

जिस खुली हवा में साँसे अपनी चलती हैं
उपकार कैसे भूले इनका
इतने अहसान फरामोश नहीं हम
आख़िर माटी एक जन्मभूमि सबकी है।

❐

32.

हे पुरुष,सुन ले तू मेरी भी वेदना,
जन मानस में मेरी ही आलोचना
कब तक तू मुझे आहें भरने मजबूर करेगा
जीवन दर्शन,जीवन चेतना,जीवन मंत्र मुझसे ही।

हे पुरुष, उद्दाम वातास में मैं तो छाई रहती
तेरी दक्ष हर पीड़ा को मैंने ग्रहण किया
नहीं मैंने पलट वार का कोई संकेत दिया
तेरी हर प्रस्तुति को मैं सस्मित आलिंगन करती।

हे पुरुष,साध्य स्नाता जैसे जल परी हूँ मैं
नहीं मेरी शुष्क कोई क्रिया
धार्मिक हूँ,मार्मिक हूँ,कर्म से नहीं कभी विफल हूँ
मै ऐसी त्रिया, जिसे स्वयं कविराज ने श्रद्धा कहा।

हे पुरुष,तिमिर रंग जब था विद्यमान समस्त श्रृष्टि में
छाया सन्नाटा,
मैं ज्योतिपुंज बनकर जगमगा रही वही अखंड ज्योत हूं।
कभी शिव की शिखा से मंदाकिनी बनकर
कभी कामदेव के अधर से टपकती एक धारा।

हे पुरुष,संसार के पालनहार स्वयं कृष्ण
मेरी ममता के आगे नतमस्तक
सुदर्शन चक्र जिसका शस्त्र
वह मेरे वात्सल्य के आगे निहत्था हो जाता।

हे पुरुष, मै तुझे किस शब्दमाला से गले मिलूँ
तू तो निशा का प्रेमी है
मैं सूरज की आभा, ऊषा हूँ मैं, नित नया सवेरा मेरे
कुमकुम से पलता
कभी तो तू वासना का खिलौना समझना छोड़
मुझे चैतन्य , तो कभी भाग्यलक्ष्मी निहितार्थ प्रक्षेपित कर।

❐

33.

मै हूँ एक विशेष खोज में,
जन्मों जन्म से भ्रमण में मेरी रूह
काश वो घड़ी,वो पल क्षणिक ही सही
आन मिले मुझे इसी जन्म में।

सरल तो कुछ भी नहीं होता
मन को कुछ भी आसानी से नहीं भाता
मृगतृष्णा सा आभास अनंत बार होता
खंजन भी सुदूर से छेद लगता।

मेरी साधना कोई अयोग्य काल में
शायद आरंभ हुई होगी
कोई अपशुकन ज़रूर ठहरा होगा
तब तो आज मैं इतनी व्याकुल हूँ।

ना बुझे किसी जल से ये जलन
संतुष्टि अभी दूर की मिसाल है
कोई टूटता तारा अभी भी अंतरिक्ष कहीं रुका-सा
मेरी जुस्तजू अव्यक्त,अंजान और अधूरी।

स्वप्निल एक अदृश्य स्पर्श है
मेरे ह्रदय पर बड़ा ताप है
यात्रा केवल चार धाम की नहीं
३६५ दिन, हर रोज़ नया मकाम है।

भौतिक सुख से परे
अध्यात्म की जहाँ बस्ती
सत्संग की धुन से दीप्त
कोई जोगी जैसे मस्त मलंग।

प्रदीप किसी मंदिर की बाती
किसी महा आरती का निनाद
देव स्थान से भक्त तक
दूरी केवल कुछ कदम।

आज विपिन की हरी घास नींद में
झील का जल कुछ मस्ती में
पीपल तले ध्यान मग्न कोई साधु
भस्म रमा उसका देह।

इतनी अनुभूति के पश्चात भी
मेरी खोज अपूर्ण
स्वप्न ही रहने दूँ इस बात को
वास्तव कभी कुछ हाथ ना आएगा।

❐

34.

मैं प्रेम गीत कैसे भूलूँ
कैसे प्रियतम तुम्हारे सजल होठों का शब्द
मोती बनने से रोक दूँ।

भीगा मौसम है और हथेली में पावस का रूप है
तुम्हे इस हथेली की सौंधी महक से कैसे वंचित रखूँ
अपराध मेरा हो अगर,कैसे ना शीश झुकाऊँगी मैं।

मन मंदिर में यूँ,तुम्हारी मूरत सजा रखी है
प्रत्यक्ष तुम्हे देखूँ या ना देख पाऊँ
यज्ञ इन नेत्रों का,बहाता है धुआँ-धुआँ।

प्रेम गीत अब ना गा पाती हूँ
अक्षरमाला मेरे ज़ेहन से
जाने ख़ुद बिरहा को ही स्वर देता।

ये समय नहीं कोई समंदर,जो क्रियाशील है
घड़ी-घड़ी मेरा जीवन इस झील समान है
जिसकी कभी कोई गति नहीं होती है।

❐

35.

वह अंधेरा चीरता है सहज रूप से,
सितारों को जिसने सलामी दी
हर दिवाकर में उसकी प्रशंसा
आग को चंदन की परिभाषा दिखलाता।

व्योम विशालतम में है जो छाया
अवनि के मुख से जिसने नफरत हटाई,
स्वयं भेद कर गूढ़ रहस्यों को
जिसने गुप्त ज्ञान निवेदित किया।

अर्वाचीन युग का महा नायक है वो
प्राची से जन्म लेकर सूर्योदय का रूप लेता
बालक किसी देवलोक का लगता
नहीं जिसे लेश मात्र भय मृत्यु के गरल का।

वीरता का दूजा नाम है जो
शायद किसी थल सेना में शामिल है
शास्त्र और शस्त्र दोनो की विद्या जिसने ग्रहण की
किसी गुरुकुल का विद्यार्थी भास होता।

भुजाओं में उसकी शौर्य भरा
योद्धा की तलवार जो जिगर जान समझता
कितने ही घायल परिंदों को जिसने
नव पल्लवित जीवन दान दिया।

सिंधु की गहराई उसकी बातों में
कामदेव सा स्मित जिसके होठों पर
संगीत के सातों सूर जिस के आधीन
आकाश गंगा में हर ग्रह पर वह प्रसिद्ध।

सगाई जिसकी किसी सुरबाला से
परिणय सूत्र में बंधन जिसका
अहो क्या नियति उस कन्या की
लब्ध जिसका इतना ,धन्य है वृन्दावनेश्वरी।

❐

36.

वास्तविकता हमेशा क्यों चुभती,
कड़वा सत्य गले उतारना
पल जैसे आगामी विस्फोट का भय
या फिर गरल भरा कोई सर्प हो।

एक समर जब खेला खून की होली हो
तलवारों तीरों और शस्त्रों को खिलौना बनाए
योद्धा किसी मनस्वी आवरण को छेद आए हो
सीने से कवच निकाले, रक्त की पिचकारी हो।

अनल में ,सूर्य का गोलाकार जब धड़कता हो
सुदूर कहकशा में उजाला फैलाती किरणें हो।
नृत्य करती-करती जब आए ऊषा
धरतीपुत्र की खेतों में हो उपस्तिथि।

पीयूष जब पाना हो, होड़ लगी हो
सुधा गौरी की तृप्ति को जब दर्शित करना हो
ये जीवन दीप्त है जिस प्राण गाथा से
चलो कोई ऐसी भूमि खोज लाए।
बंद नेत्रों से कुछ कल्पना कर लो,
इंद्रधनुष की रंगत में विलीन हो हर तिमिर
और आशावाद कवि का जब जाग उठे
शब्दों की कतार जब उंगली से प्रक्षेपित हो।

कुछ अप्रतिम,कुछ अति सुंदर हो विचार कक्ष
रश्मिरथी की उपेक्षित जीवनी हो प्रेरणा बल
तूलिका चलनी चाहिए,विराम अभिशाप बन जाए
और आए पसीना देह से कांति बनकर।

इंकलाब उठता हो जब आचरण के समीप
जला दो तुम तब एक कनिष्ठ दीप
अंधकार एक है,भूलो मत,किंतु अनगिनत ज्योतियाँ
किसी देवलोक से हो दर्शनीय।

पुस्तके, ग्रंथ बनने लगे, समझो कल्पना अश्व
दौड़ेंगें चारों दिशा होकर प्रेम मग्न
ये शारदा माँ की कुछ कला है
तुम्हे जो रचित मन मंदिर में मूरत को प्राण प्रतिष्ठा
करवाई।

❒

37.

ग्रीष्म की राजकुमारी हूँ
कच्चे आम का नीलम धन बरसाती
सरिताओं की प्यासी वाणी
मेरे तन से ही लावण्य पूजित होता।

शब्द हारों में हिरल व कुंदन बुनती
अहो,मेरे सौभाग्य रूप कुमकुम
स्वयं पूर्वा की चूनर मुझे बिखराती
वसुधा की कोख में उमड़ी प्रसव पीड़ा।

जन्म हो जाता किसी तरुण कामदेव का
जिस पर पगली हो जाती स्वर्गलोक की सुरबालाएं
नारी सुषमा की गाथा गाती पल पल
सजल स्वप्निल प्रेमिल धारा अपना रुख बदलती।

ऊषा का आना जैसे नामकरण की क्रिया
नव पल्लवित करूँगी खेतों की हरियाली
दिवाकर का पहरा कई प्रहर
मैं चाँदनी से शीतलता उधार लाती।

कितना मनोहर,कितना कृष यह तरुण
जो जन्मजात ही वात्सल्य का पीयूष पी चुका
और जैसे समय की परीक्षाओं को पार कर
अपनी जननी की रक्षा करता आठों पहर।

बैजंती की माला गले में
कंचन वर्णी काया जिसकी
कोमल स्पर्श से जो बकुला गिरता धीरे-धीरे
साश्रु वसुधा की ख़ुशी बरसती अचानक।

हो भले यह किसी कल्पना की उपज
कितनी मनभावन है ये पुस्तक
पन्नों के पन्ने कम पड़ते
सियाही भी अब सूख चुकी।

मरुभूमि को कोई कैसे सहलाए
उसकी तन छाया है विमुख
दरार पड़ी भूमि पर,अनावृष्टि ना हो जाए
और तब वह वसुधा पुत्र तिलिस्म चलाए, सावन का
प्रथम अध्याय आरंभ।

❐

38.

यूँ तो पाठशाला में पढ़े थे इतिहास
स्वतंत्रता की ओजस्वी विजय
जीत उन फिरंगियों पर जो छाई
कथा अभयम की उस क्रूर गोरों पर।

आज जब अपितु, देखी कुछ श्वेत श्याम तस्वीरें
लाठी की मार झेलते मेरे ही देशवासी
कितनी भयंकर, क्रूर, अति विकृत मानसिकता
हलाहल मचा दे जो, शिव का तीसरी नेत्र खुल जाए तब।

किसने कहा प्राप्य थी आज़ादी
क्या उसने शहीद भगत सिंह की सुनी नहीं कहानी
राष्ट्र पिता बने जो , अंग्रेजों की राजनीति पर छेड़ा
आंदोलन
सरदार की भी टोकरी में समूचा भारत एक हुआ।

किरीट की बसंती चादर फैली जब राष्ट्र पर
अहो, कितने सौभाग्य एकजूट हुए
मरघट पर आँधी के अवशेष राख बने
दोनो विलोम हैं किंतु, यही सत्य की वाणी।

क्या दौर था, क्या कथनी थी, क्या जोश था

वह विकलता पर छाया बहादुरी का साया
नहीं दशकों तक मानी दिवाली की लौ
होली भी खेली रक्त से, ग़ुलाल कहां से लाऊं।

एकता का वह महा संग्राम था
महा शून्य से निर्मित महा आज़ादी का अमृत महोत्सव आज हुआ
सोचो कितने धन्य है हम तुम कि साक्षी बने इस कर्म फल के
हमने तो केवल पढ़ी, उन्होंने जो वास्तव में जी थी।

रणभेरी बजाओ , दुनिया परचम देख चुकी
भारत माता के सपूतों की वीर क्रियाशीलता
और उस पर भाप रही पीढ़ी मेरी आपकी
यह चित्र जब इतना ज्वलित,चलचित्र कितना आभा मंडल-सा।

ये भूमि है सोने की चिड़िया की
और नए ज़माने में पुरानी बातों को मन में लाने की,
कृतज्ञता से उन सेनानियों को नमन करें
इस अविरल,सुगम,स्वतंत्रता पर नव गान करें।

❒

39.

आज का ये पल अति मूल्य ही,
शब्दमाला का एक-एक मोती बिखर पड़ा
हंस मोती को चुनता रहा समंदर में
मुझे कौन खोजने सहाय करेगा, माला या हंस???

अनुभवों की परीक्षा होती रही
मोतियों की गिनती भी अविरल पथ चलती रही
यंत्रों के इस ज़माने में मेला ही छाया है
कुछ हाथ छूटे कुछ नए हाथ थाम लिए।

बहुत उद्यम मैने किया
खोज लूं उस अमूल्य मोती को
आज ये भेद खोल ही दूँ
मेरा अपना कोई,लगता मोती मुझे।

कितना बरपा हंगामा चारों दिशा
जाम भी छलके कितनी दफ़ा
हर कोई नहीं इतना सक्षम
ज़मीन पर बैठकर,वास्तव को स्वीकार ले।

मैने कमरे की घड़ी को बदला बहुत रिश्वत दी उसे,
मेरा समय कभी तो गीतमाला उस मोती की टिक टिक करे
किंतु धूल चढ़ी उस पुरानी घड़ी कोने में जो रखी
तथा उस नई घड़ी में कोई फ़र्क़ नहीं।

मार्केट की उस घड़ी लगी जो सड़क पर
सोचती हूँ ,सार्वजनिक इस टावर पर
एक अर्ज़ी लिख दूँ उसे
मेरा मोती किस दिन, महीने, साल प्राप्य होगा।

अचानक नज़र पड़ी उसी टावर के नीचे बैठे भिक्षुक पर
उसका मोती भी, उसे अब तक अप्राप्य था
अचानक वह बेहोश हुआ, शायद मृतप्राय
तब समझा इस नियति के मोती को, मेरी साँसे अभी चालू थी।

❐

40.

ज़िंदगी की इस शाम में
कहने को तो अंधेरा है
रोशनी की बहती धारा में
फिर भी कुछ चिराग उधार है।

मुझे ना मिली वो क़िश्त मोहब्बत की
मुश्त भी रहा कुछ ठहरा-ठहरा
आँधियों की रातों में
छाया रहा ग़म का मेला।

शमा जली थी परवाने के लिए
कुछ दोस्त मिले थे राह में
आज ये कह भी दूँ
तन्हाइयाँ बिखरी सब जगह।

मुझे ना मिला वो हमकदम
जो मेरे मन का पसंद हो
वक्त यूँ ही गुज़र गया
इंतज़ार भी अब ना रहा।

बातों में उसकी दम नहीं
कुछ वक्त का गहरा आलम
मुझे प्यास प्याले की रही
और वो दीवाना जिस्म का।

❐

41.

बंद चार दीवारों में
घुटन से रो रही ममता।
रसोईघर में रोटियाँ सिसक रही
सब्जी मंडी में भिंडी जल रही।

उतरता घूंघट ना जाने कितनी आहें लाता
वैधव्य में श्वेत से टूटी हरी काँच की चूड़ियाँ।
गर्भ में जन्मजात अभिशाप बनी
भ्रूण हत्या का विकृत नृत्य।

दहेज की अंगिनत माँग करती
डाकिए की साइकल पर चिठ्ठियों की भरमार
बेटी ब्याही, तो भी पराई लगती
धन संपत्ति में पिता की, व़ंचित।

दफ़्तरों में यौन उत्पीड़न की अजब घटनाएँ
साड़ी का पल्लू सुहाग रात उठाना आता
आखिर क्यों समाज के ढाँचे में,लज्जा उसकी नहीं
सुरक्षित कर पाता पति।

घरेलू हिंसा में जोंक दी जाती
पुत्र की सगर्भा स्त्री से विकक्षण माँग
लंबी है यह अबला नारी की कहानी
पुरुष क्षेत्र की खुली बेइमानी।

❒

42.

जिस रेखा पर भय अपने पाँव पसारता
उसी रेखा के पार, विजयनाद गूँजता।
कंपन करते हुए हाथ,पानी का प्याला गिर जाता
थके मांदे नयनों से पीड़ा का बयार निकलता।

वीरता को कोई नहीं रोक पाया
अमरता की सुधा ग्रहण करके
ख़ुद नियति का असमंजस दृष्टिगोचर हुआ
यही वह बिंदु है,देव और मानव का भेद दिखता।

कितने महा भयानक अंध कुएँ
जीवन की इल्म पीड़ा अपनी चोटी पर
दिव्य शक्तियाँ ही कारगर
सुरक्षा संप्रेषित कर पाए।

शिकारी बिछा जाल पक्षी के लिए
राह देखता पेड़ के पीछे
प्राण गए उस अभागे पंछी के
अगले जन्म ज़रूर कर्म का हिसाब होगा।

कालिंदी घाट पर, जब अमावस का घोर तम छाता है
भयभीत माझी नाव को तेज़ चलाता है
मरघट निकट गुज़र रहे भक्त जन
भूत प्रेत के साए से भयभीत।

श्मशान पर शिव देते पहरा
नहीं कोई भय निर्दोष प्राण को
एक ओमकारा ही पर्याप्त
भय तू अब निहत्था हो जाएगा।

❐

43.

वह बरतन झूठे रोज़ माँझती
उंगलियां उसकी कहानी ये बताती
ठंड में काँपती जो ठंडे नल के पानी से
गर्मियों में जलती जो आँगन की तेज़ धूप से।

विचार ये हम कर नहीं सकते
उसका बेटा लौटता जब पाठशाला से
उन उंगलियों को साड़ी से पोंछकर
वह बेटे को सूखी रोटी खिलाती।

मालकिन के कहने पर
वह मैले कपड़ों को साबुन से मलती
उसकी उंगलियों में कभी बरतन का पाउडर
तो कभी कपड़ों की टिकिया की गंध आती।

झोंपड़ी में पहुँचकर वह लालटेन जलाती
कभी इंदनबकी गंध उसकी उंगलियों में बस जाती
अपनी बीमार सास को बड़े प्यार से मालिश करती
वही मालिश के तेल की महक अब उंगलियों को झुलसाती।

ज़माना बीता उम्र उसकी हो चली
उसकी मालकिन अस्पताल में भर्ती
वह पहुँची वहाँ सहसा,
उन्हीं उंगलियों से पैर मालकिन के दबाने लगी
क्या तिलिस्म उस औरत का,
मालकिन उसी पल स्वस्थ हो गई।

मालकिन ने कुछ दिनों बाद बुलाया उसे
कहा तेरी उंगलियों का जादू बड़ा है
बोल क्या बख्शीश दूँ तुझको
वह इतना बोली,
इन गरीब उंगलियों को कान्हा जो तुम्हारे मंदिर में है,
एक बार नमन करने दे दो।

उसकी इच्छा पूर्ण हुई, बोली सशरू
इन उंगलियों में गंध और कठोरता आ चुकी
ज़िंदगी भर झूठे बर्तन की गंदगी मेरी गरीबी की कहानी कहती
आज कृष्ण आपके छू पाई,
मेरी हथेली सुगंध अगरबत्ती की जो लगी,
धन्य धन्य हो गई।

❐

44.

कभी जो एक झलक दिखती थी
उनके सुहावने मुख की,
आज वो झरोखे बंद पड़े हैं
धूल मिट्टी की चादर ओढ़े।

कारण विशेष कोई रहा नहीं है
समय के खाली सकोरों में
जलता, दाह करता पानी बचा है
आकर्षण की वो भावना भी अब कहाँ।

ग़मज़ादा तो बहुत हुए थे
पहले प्रेम के खोने पर
सालों लगे उन घावों को सिलते
कितना ताप सहा तन मन ने।

ज़िंदगी वो कारवाँ भी नहीं जो थम जाए
वो तो एक जहाज है जो उड़ता रहता
उड़ान भरी हमने भी मुकम्मल
और जीवन को नया सवेरा दिया।

सुर्ख़ साड़ी पहने आई ऊषा
बीती रात की नींद से जगाने
जाग ना पाए हम,देर के किसी ख़्वाब में थे
आख़िर स्वप्नलोक की मल्लिका ख़ुद हमें सहला रही थी।

अदरक चाय की चुस्की लेते हम छत पर थे
अचानक प्राची लाई एक बरखा की बूंदें
सहसा याद उनकी आ गई
अश्रु थे या बरसात का पानी?

आज आपाधापी से जो फ़ुर्सत मिली
कुछ सात सुरों को छेड़ा
ग़ज़ल की पुरानी किताब में रखा वो गुलाब
आज वक़्त के थपेड़ों में सूख चुका था।

आज ज़िंदगी जैसे एक कभी ना रुकती सड़क
चलते जाओ,चलते जाओ,चलते जाओ।
प्रेम के देवता,कुछ तो सुध लो मेरी
उदासी भरी रोटियाँ कब तक खाएँगे।

बिखर चुके पलाश के पुष्प
पतझड़ जीवन की आनी जानी है
फिर किसी पलाश को मिलना होगा
पुनः प्रेम रसना दस्तक देगी।

❑

45.

ग़र होता मेरे पास कोई
मोबाइल नंबर
उस परीलोक की रानी का,
करती उससे वार्तालाप प्रतिदिन
संपर्क हमारा कायम रहता जीवंत।

माँगती उससे मेरे दोस्तों के लिए
श्वेत वस्त्र और नीलम मानेक के आभूषण
उसे निमंत्रण देती रात्रि भोज पर
खीर केसर जड़ित देती उसकी थाल में।

जादुई चटाई उसकी एक दिन लेती उधार
मेरे भाई बहनों को रोज़ ले जाती दुनिया दिखलाती
कितना सुंदर जहाँ लगता अंतरिक्ष की खिड़की से
तस्वीरें खींच, दिखाती पृथ्वीवासियों को।

सूरज की किरणों से घर आँगन में रंगोली करती
रात्रि पर सजी सितारों की चमक से
दिवाली पर बाज़ार के रास्ते सजाती
गुलाबों की टोलियाँ लिए, परीलोक को महकाती।

पूर्णमासी के चाँद को परियों संग मिलने जाती
विभा देख उसकी, तारीफ़ों के पूल बनाती
सपनों के राजकुमार का पता उससे पूछती
प्रेम पत्र बना,किसी देवदूत को भेजती।

कल्पित ये सब बातें, कितनी मनोहर लगती
मन को पुलकित करती ये मीठी मीठी बातें
जीवन की परिभाषा अपितु इससे ना मेल खाती
कभी-कभी भ्रम का अपना ही मजा होता है।

❐

46.

चाँद को क्या ज्ञात
चकोर उसके अंधे प्रेम में
मान लीजिए, पता हो भी ग़र
वह नहीं पृथ्वी आगमन करेगा।

चकोर की बदनसीबी देखो
कितनी राते जाग कर
उसने ताका उस शशि को
कोई हिसाब नहीं रह जाता।

कुछ प्रेमियों का अमर प्रेम
दर्ज प्रेम ग्रन्थ में, हालाँकि दो दिल
कभी ना मिल पाए
हाथों की रेखा उनकी थी विलोम।

चकोर समान अंध कुएँ में
कैद दिल की उर्मियाँ
इज़हार करना कठिन है
ये दिल की बातें ही अजीब।

कॉलेज की कक्षा में कितने प्रेम किस्से बने
कितने दिलों पर तीर किताब में अंकित
कितने प्रेम पत्र यूँ ही दराज रह गए
डाकिए तक ना पहुंच पाए, कितनी प्रेम कविताएँ।

हर मजनू को लैला तो मिल जाती
हर हीर रांझा की अपनी किस्मत
प्रेम एक साधना अपने आप में
जो अंजाम तक पहुँचे, उनका नसीब।

❐

47.

तू अपने द्वार सजा, स्वास्तिक को
रख देना एक शुभ कलश पर,
तेरा अपना भाग्य का पक्षधर
बहुत जल्द जीवन में प्रवेश करेगा।

परिवार को तूने बहुत सँभाला
पेट की आग ख़ुद सहकर
माँ बाप को पकवान परोसा
स्वयं निरक्षर रहकर भी,भाई बहन को पढ़ाया।

तू अपनी मंज़िल की माँग सिंदूर लगा दे
शहनाई गूँजती-गूँजती आ रही है
सुर्ख़ जोड़ा सिलवा दे
वरमाला को भी सुकून अर्पित कर।

अवरोध विवाह में आते अक्सर
जग के चलने वाले नहीं निराश हो
जीवन संध्या में साथी ही तेरे भाग्य
वर्तिका बन जाएगा, जीवन ग्रन्थ लिख देगा।

नहीं ये द्वापर युग, कि आकाशवाणी होगी
हाँ व्योम वासी कोई बेशक विपत्ति का अनुमान देगा
दहेज को दहका देनेवाला सुरमा लगा देना
तेरे समर्पण भाव से, सुहागा कंचन कर देना।

❐

48.

लाल सुरा का था जिसे व्यसन
निर्वासित जो था दफ़्तर से
एक महफ़िल जिसने सजाई
हाला के जाम छलकते रहे रातभर।

घरेलू जिसकी पत्नी
धूप में जो कभी बाहर ना निकलती
सुदर्शना थी जो, भगवान की बड़ी भक्त
टप-टप उसकी नेत्र भर आई।

कुछ चुनिंदा दोस्त जो थे
मधुशाला के तलबगार
किंतु कभी जिन्होंने नहीं उपेक्षित किया
अपने घर बार, अपनी भार्या को।

हँसी मज़ाक के फव्वारे छूटे
कुछ अश्लील वार्तालाप
तभी सदन के नीचे, गुज़र रही बारात
नफीरी की मीठी आवाज़, माधुर्य फेला वातास में।

सुदर्शना देखती खुली खिड़की से
एक वो भी दौर था
जब पतिदेव भी उसके दुल्हा बने थे
भरी जिसने माँग सुनी थी।

व्यर्थ विलाप कर रही वह
ज़माना बदल चुका था
आज उस पर कुछ ज़िम्मेदारी थी
महफ़िल का विशेष प्रयोजन करना था।

समझा जिसे मर्यादा पुरुषुत्तम था
अहो,क्या अभागी कि वह तो दशानन निकला
घर में इतनी अप्सरा-सी सुंदर पत्नी छोड़
लगा था शराब का प्याला पीने।

मन मंदिर में वह प्रार्थना करने लगी
अवरोध, सुखी दाम्पत्य के सब समाप्त हो
निर्माण करे ख़ुद रामजी
पार्श्व जिसने दारू रखा, वही पति धर्म पालकर नव
स्वर्ग का संयोजन करे।

❐

49.

तू चल पड़ा था सुमार्ग पर
सुगम, सजल राह पर
तेरे मंसूबे थे कितने सरल, सीधे
प्रचुर हिम्मत की पुकार लिए।

अनागत को जाने बिना
तेरी तेज़ गति थी साँस रोक देनेवाली
निर्भीकता का समूचा पहाड़ तेरे कंधों पर
जैसे कोई विकराल, जैसे कोई असाधारण महात्मा।

तूने कोई परिधि नहीं थी तय की,
समस्त भू तेरा था मापदंड
सत्य को हर हाल में तुझे स्थापित करना
धर्म,कर्म और मर्म का जैसे मिश्रित फल मिले।

मग के कंटक थे अति बलवान
किंतु उनका भीषण विध्वंस तूने किया
विजय गूंज तेरा,नहीं था किसी दहाड़ से कम
तेरे हित वचन नहीं समझ सका वह मूर्ख लोगों का टोला।

निजी स्वार्थ के चलते कितने बलि बनेंगे
सर धड से कितने कायरों का हुआ अलग इस समर में
दृग करना दुश्मन को भारी पड़ा
अवरोध सारे अनल में जल गए।

जीवन जय पुकारता तेरा काफ़िला
तलवारों को नभ में उछाल
थमा एक शिवाले में
आशीष नव निर्माण के पाए शिवजी से।

विपत्ति थी अपितु मृत्यु टली
तेरे अपने हुए भावुक, आरती से किया आवकार
हुई मनुष्यता की जीत
भारतीश्वरी का रोम-रोम हुआ रोमांचित।

❐

50.

आज फिर तुम बहुत याद आए
पुरानी किताबों में रखे प्रेम पत्र सामने आए
तुम्हारा मेरी हथेली को परखना
कॉलेज के वो आरोही विद्यार्थियों का मुस्काना।

खुली धूप में वो तेरा महका पसीना बहाना
मेरे दुपट्टे से वो तेरा चेहरा पोंछने की बात
मेरे प्रेम की अभीप्सा को निचोड़कर
मुशायरे में तेरा बेनाम मुझे रूबाई पेश करना।

रुखाई मेरी तेरे उधार से पायल लाना
भरी बरसातों में वो जिस्म मेरा थामना
पावस की वह शामों में घर तक छोड़ने आना
कुछ देर पश्चात समोसे का पैकेट दे जाना।

ग़ुरूर ए हुस्न की क्या तुलना
मेरी उसी अदा पर तेरा जान निसार करना
नुमाइश के फंदों से ख़ुद को आज़ाद करना
एकाकी में वो छुट्टियों का बीत जाना।
विरह के परिताप में बीते हर पल
कुछ रोज़ रात फोन तेरा करना
वायस देख, कुछ वहम मन में आना
सहेली से मेरी वो खैरियत पूछना।

प्रभुत्व पीड़ा वो जुदाई के दोनों की
कुछ तुम कुछ हम लेकिन कितने दूर दूर
विस्मृत स्वप्न कोई, अंत में जब मिलना हुआ
आलिंगन से मेरी सांसों को तेज़ करना।

खिड़की खुली छोड़, यूँ मेरा दीदार करना
जुल्फों को संवारते हुए , खास प्रयोजन करना
एक प्रश्न दिमाग में उठता,
तुम्हारी छुअन आज तक मेरी रूह में
सावन तेरे होठों का, मुझे आज तक दहलाता।

❐

51.

अर्जित माँ के स्मृति कक्ष में
है एक मूर्तिमंत दादाजी की छवि
बीती रात सुनाई माँ ने उनकी अनकही
बर्बर शत्रु थे जब उनकी धीरज राह पर।

हिमगंगे-सी दादा-दादी की गाथा
कीर्तिपुंज उस बंगले की आज भी जीवंत
शूरवीर से अतिथि, साक्षात अन्नपूर्णा मेरी दादी
हमेशा द्वार खोल कहती अतिथि पधारो, स्वागत है।

ज्वालागिरी समान थे दादा, त्वरित पहचान जाते
कितनी उर्मिशील थी दादी
और कौन कितने पानी में
निशि की कालवानी से सदा सतर्क रहते।

गूंजित पुरखों की बानी, दादा खूब पहचानते
अहोभाग्य हमारा, कहते जब कोई साधु संत पधारते
घर के सेवक नर्मदा का श्वेत जल परोसते
आतिथ्य से सराबोर उनकी सेवा थी।

पीयूष के समान हमारे घर का आम रस था
पानी के प्यासे को साक्षात अमृत मिल जाता
दिवाली की पवित्र घड़ियाँ, दादा तिजोरी से
दरिद्र को धन राशि आशीष रूप देते।

दादी भोर भए जागती,पूजा पाठ विशेष करती
अरुण सौभाग्य की प्रार्थना करती
जब कभी प्रलय राग सुनती
दादा को घर के बाहर ना जाने देती।

ज़माने बीते, समय सीमाएँ राज करती
ठाठ माठ सा घराना हमारा
आज पीढ़ी बदल चुकी है
संस्कार किंतु अनुबद्ध हैं।

❐

52.

प्रियतम, है उपालंभ तुम्हें
तेरी जीवन धारा में तामरस एक भी न खिला
कीचड़ की गंध तुझे कितना क्रोधित करती
तुमने जैसे शत्रुता मोल ली है नसीब से।

नहीं होता प्रारब्ध एक समान
कभी तो अथक प्राण तेरे
चिर निद्रा को सोएगी
उठ, जाग अभी जीवन रस नहीं समाप्त हुआ।

अपुष्पित कितने विटाप रोते कितने कोनों में
एक पल वो आ जाता,जब अश्रु सूख जाते
पेड़ों की वह कतार,अडिग खड़ी है अपितु
नहीं कोई परवाह उन्हें आनेवाले समय की।

पतझड़ के आदी, कितने विपिन यूँही खड़े
पीड़ा सूखी रह जाने की, उन्हें कितना तड़पाती
किंतु समय के साथ तरुशिखा दृश्य बदलती
हेमकुंभ जैसे किसी मंदिर में रखा।

जंगल क्या, गाँव में, शहर में,
हुंकार मचाती सुरभि, कितनी भावुक लगती वो
कृष्ण ने जैसे गोपालों को हरियाली भेंट दी हो
हर घर में मिष्ठान पकते, मधुर रस ये रसोई का अधर
अधर छलक जाता।

आकाश में क्षितिज संग खेल रहा सुरघनू
कपिश कुटीरों में मनोहर झलक स्नेह सुधा बरस रही
अहो, तुम्हे शंका ये सताती
मरीचिका न हो कहीं, निश्चिंत हम साथ-साथ अभी
हैं, बसंती पल आने को है।

❐

53.

पिया घर निकली थी सुरबाला
संग थे पिया भी, किंतु कुछ बात पर क्रोधित
उनके हाव भाव देख, मुरझाई सुषमा
नाविक की पतवार, अहो कितनी तेज़।

सिंधु की ज्वार में, प्रथम अनुभव रहा
सुरबाला को एक पल छुआ रोमांच
यूँही ना जाने कैसे स्पर्श हुआ पिया का हाथ
पिया अपनी विचार वायु में उधेड़ बूँद करने लगते।

नाव में बैठे-बैठे, हाथ से स्पंदन हुआ सिंधु जल
कितना रमणीय, कितना असीम उमंग से भरा
अचानक विशाल नभ में बादल आए
अंधड़ को भी संग लाए।

भयभीत हुई सुरबाला, किंतु साहस ना जुटा पाई
पकड़ लिया पिया का हाथ,
भय जो घुस गया था उसके अंतर्मन में
शायद निलय पहुँचाना था नाविक का लक्ष्य।

खलिश पिया मन की थी जैसे कोई कोहराम
अच्छे बुरे विचारों का विनिमय
अहो,क्या दुर्भाग्य दोनों का
चंद प्रहरों पहले ही हुआ था विवाह।

कुछ नवीन जीवन मिलेगा
था दोनों का अनुमान
कितने चाव से हुआ था कन्यादान
किसी निधिवन घूमने जाना, पिया का था मंसूबा।

आ ही पहुँचे किनारे पर
वर कन्या का महासंग्राम हुआ परास्त
रहस्यमय कसमकस पिया की आज तक
किंचित सूखी दाम्पत्य जीवन।

❒

54.

ये स्त्री
जन्मजात जो उपेक्षित
पुरुष की तुलनात्मक वृत्ति
नहीं ये मिठाई बाँटने योग्य शिशु
हर घर, हर जन्म उसे पीड़ा मिली
जो अधूरी गागर होकर भी प्यास बुझाती रही
ख़ुद प्यास की महाग्रंथ बनकर भी
जो पुरुष की आग बुझाती रही
आख़िर ऐसा क्यों की विवाह के पश्चात
स्त्री अपने बाबुल की पराई
पराए घरानों में हर हाल निभाने वाली
कभी पुरुष की वासना, जैसे कोई वेदना
कभी रसोई तो कभी आँगन
सास-ससुर के साथ पति के पूरे परिवार की
सेविका-सी बन जाती
हर हाल में पुरुष को माफ़ करती
ख़ुद कंटक के सहारे भी जीविका चलाती
और पुरुष, ओह पुरुष तो जैसे उसका मालिक
घर बाहर सब जगह, बड़ी आसानी से पुरुष
परिस्थिति को अपने लिए अनुकूल बनाता

स्त्री हर परिस्थिति में स्वयं को ढाल देती
किंतु, ये भी कुदरत का प्रयोजन,
स्त्री पति की चिता पर सती तक बन गई
यम के द्वार से पति ले आई
और पुरुष किसी महाशून्य-सा
पति तो बन पाया, किंतु अपने घर का परमेश्वर नहीं
बन पाया।

❐

55.

विपीन पक्ष की होकर रही
पशुता लेकिन रही नहीं
दूर-दूर तक वनराज ना दिखा
दहाड़ उसकी क्यों कम है।

झरनों के कलकल निनाद को
मैं आत्मसार करती रही
सुदूर किसी रुई के बादल दिखे
वर्षा का आना पता नहीं।

पौष्टिक फलों से लदी लताएँ
घनघोर हरे-भरे से उपवन का चित्र
छोटी झील में जल का मीन साम्राज्य
पंकज की खिली-खिली सी-पत्तियाँ।

मृग की दौड़ को प्रेरित करती
मेरी प्रेमिल पुकारें
कहीं कोकिला संगीत छेड़ती
जंगल में मंगल का सुंदर एहसास।

वादियों में छुपे-छुपे जीव
मंदिर बीच में देता कुछ शांति
खिली वसुंधरा जैसे आसमान को
दे रही प्रेम संदेश, ये विपीन है या कोई चलचित्र।

❐

56.

उफनती अगन ज्वाला कब तक
पृथ्वी को झुलसाएगी,
गर्मी का पारा कब तक निम्न न होगा
सूर्य की तेज़ किरणें कभी तो द्रव जल आने देगी।

वनस्पति हरियाली अब आहें भर रहीं
मवेशी परिपूर्ण सहन शक्ति गवाह बैठे
झुग्गियों में दरिद्रता का बुरा हाल
खाना पीना हुआ दुर्लभ।

महाभयंकर कोप में लदी ऊषा का आगमन
कभी जो अंधकार को विलीन करती
इन दिनों ख़ुद अपने आपे में नहीं
समीरन संध्या की उतनी ही अति ग्रीष्म।

शिशिर में खोया जो विपिन ने
बिलख रही वल्लरियाँ
ओझल पौधे मेरे प्राँगण में
जीवन रेखा बगीचे की जैसे धुँधली हो गई।

कंपित संपूर्ण पृथ्वी ग्रह जैसे
भू बरखा को पुकार रही
हे इंद्र देव, बरसो जी भरके
अब तो आकाश, हिमालय सागर
पृथ्वी पाताल चराचर आपके संरक्षण में।

❐

57.

हे ईश्वर प्रतिवेदन आपसे
काश कोई दिशा ऐसे मिल जाए
मोह भंग से त्रासित कोई युवक
पुनः अपने यौवन रस को ग्रहण कर ले।

प्रेम भग्न की पीड़ा किसे नहीं होती
किंचित जीवन कहीं थम नहीं जाता
कुसुमित किसी विटाप के पतझड़ में जड़ें मृत नहीं हो जाती
सहसा ज्ञात उस विट्प कि ऋतु फिर भी उसे सवारेंगी
नव गुलबहार से।

फिज़ा के कोरे रूप रंग से कुछ समाप्त नहीं होता
कोई बालिका जो बधू बनी है, नहीं जानती विधवा का कोई अर्थ
अज्ञानता उसकी शायद उसके लिए कुंदर है
दुभर भले ही हो सदा सुहागन रहना, जीवन साथी उसका सक्षम है।

जीवन रूपी समर में योद्धा हार का विचार नहीं करता
एक जुनून होता है उसके प्रारब्ध में
रुधिर बहे सीने से कितना, घाव कितने ही प्रचंड हो
जीत का लक्ष्य ही उसके लक्ष्य का बिंदु।

निशि में खोया विहंग जो अंधकार में जीता है
नीड के तिनकों को पकड़, रात्रि बिता देता है
और जब सूरज की प्रथम किरण उसकी आँखों को
खोलती
नव जीवन सा अप्राप्य, भी अप्रितम सत्य बन जाता।

संसार सागर में हम सब कभी ना कभी एकाकी
अनुभव करते
तब कहीं से जैसे तब्दीरों द्वारा कोई लहर आ जाती
और संग लाती उस नैया को
जिसका माझी ख़ुद प्रभु है।

❐

58.

रेशमी राहों पर क्या याद है तुम्हें
हम पावस की उन शामों को घूमते
तेरी विलासी गाड़ी में
सिंदूरी शामें, सुहाग बातें।

मेरा वो शर्माना, तेरा मुस्काना
संकरी गलियों से गुज़रकर
उस चाय के अड्डे पर रुकना
सिंदूरी शामें, सुहागा बातें।

तेरे जिगरी दोस्त का आना
मेरी मुलाकात उससे करवाना
उसका मुझे बात-बात पर भाभी कहना
सिंदूरी शामें, सुहागा बातें।

याद है तुम्हें वो समोसे वाली गली
अपना भीगती बरखा में ज़ुबान तीख़ी करना
हिचकी खाते-खाते मुस्काना
सिंदूरी शामें, सुहागा बातें।

फिल्म का वो आख़िरी शो
अपना फिल्म में खो जाना
पॉप कॉर्न और पकोड़ों संग
सिंदूरी शामें, सुहागा बातें।

मेरे जन्मदिन पर तेरा
पूरा पार्टी हॉल बुक कराना
मेरे लिए वो महँगे तोहफे लाना
सिंदूरी शामें, सुहागा बातें।

आज यादों का उफनता समंदर
मुझे कहीं ना ले डूबे
दूर हूँ तुमसे,किंतु दिल क़रीब है
सिंदूरी शामें, सुहागा बातें।

❐

59.

जैसे पहाड़ों पर प्रतिध्वनि बोलती
मेरे हर श्वास में तुम्हारा नाम
आवन-जावन में प्रस्तुत होता
मेरी दिनचर्या में एक-एक कार्य तुमसे होता।

शिवालय में ओमकारा बजता रहता
मेरे पूज्य स्थान में तुम निनाद करते रहते
गंगोत्री जैसे शिलाओं को कल-कल स्पंदित करती
शीतल स्पर्श तुम्हारा मुझे ओजस्वी कर देता।

फुलवारी मग में आती, दृश्यम होते गुलबहार
माली जैसे अंकुर बोता भू पर
मेरे जीवन के महा चलचित्र में
तुम्हारी कथा रजत कांति को प्रकाशित कर देती।

रेलगाड़ी की पटरी पर स्वर यात्रा का गूँजता
मेरे मन मानस में बातें तुम्हारी चलती रहती
हर मंज़िल पर रुकती रेलगाड़ी
जीवादोरी समान शृंखला दर्शन देती रहती।

ऋतुओं में तुम बरसात हो मेरे लिए
एक सावन भादो अभिव्यक्ति करता
जैसे उद्गार प्रकृति की असीमित ख़ुशी के
क्षितिज पर चित्र अंकित कर देते।

संपत्ति मेरी यूँ तो नहीं परावार
किंतु मेरे जीवन संघर्ष से में घट चुकी हूँ
मुझे विरह की वेदना ताप बहुत देती, कोई फरियाद नहीं
मेरे अंतर में कंचन है, आज नहीं तो कल स्वर्णिम
परिचय मुझे दे जाएगी।

❑

60.

कुछ संबंध मरीचिका समान होते हैं
ख़लिश मन शंका के चक्रव्यूह में होता
निधिवन हो ठिकाना, अपितु घुटन ही नसीब होती है
सुरा की बेहोशी में घर डूबा-सा लगता है।

रक्षार्थ पत्नी बच्चों के लिए
जब घर का मुखिया कमर कस देता है
गृहलक्ष्मी तिनका-तिनका जोड़ बचत करती है
दुर्भाग्यवश आख़िर तारीखों में जैसे तंग रस्सी भींच लेती है।

मध्यम वर्ग जब चिर नूतन सपने संजोता
धन राशि को बचत ही सहलाती
मुरझाई सुषमा जब कुंदन की जगह चाँदी ख़रीद संतुष्टि रखती
सुई धागा फटे आवरण पर लाज रखता।

विनिमय विचारों को जब निलय सुलझाता
शिशिर की समीरन खिड़की को टकराती
रोटी कपड़ा और मकान भी भोग विलास प्रतीत होता
कुछ जबरन मुस्कान लिए घर अपनी शाख बनाए रखता।

वास्तु पुरुष का अग्नि खंड जब
भूख की आग से मिल जाता
नन्हे बबलू और मुनिया भी उमर से पहले बड़े हो जाते
कलियुग के श्रवण कुमार बन जाते और पढ़ लिख कर घर को
सँवारते।

दिवाली पुराने दिनों की याद कंपित करती
आर्थिक बोझ तले जब नए कपड़े सस्ते दुकानों से आते
गाँव से मिठाई आती तब कहीं अतिथि का मुँह मीठा होता
फूलझड़ियाँ एकमात्र पटाकों की कमी पूरी करती।

थे वो दिन भी क्या, कमी में भी पारिवारिक एकता बनी रहती
और आज जब साधन संपूर्ण जीवन उस घर पर नीलम धन बरसाता
खुशियाँ कहाँ,
उर्मियाँ कहाँ सब कुछ दीवार पर टाँगे कैलेंडर में सिमट रह गए
ये घर संसार है, इसी तरह चलता रहता है।

❐

61.

तमीचरों की कहानियां
अमर भले ही ज्ञात हो,
सुमेध कोई युग का
उसे होड़ा-होड़ी में परास्त कर ही देता।

हिरण्य भले ही रहा हो कोई
दिगंत सुगम सुरम्य कोई शुभाशीष लिए
प्रथमतः सूर्योदय को कोई कहाँ पीछे रख सकता
मुर्गे की बाँग से ना जाने कब संसार जगता।

वरिधार की रुपहरी कोर को
मेघावली का तम रंग नहीं विवश कर सकता
शीतल वर्षा को कोई कभी नहीं ज्वलित कर सकता
पृथ्वी की हरियाली में धरतीपुत्रों की
अगम्य भावना कोई नहीं समझ सकता।

प्रभात की गर्मियाँ कहाँ हिमालय को पिघला पाई
झील के सुंदर रंग कभी नहीं तामरस को प्रभावित कर पाई
सरस्वती माँ शारदा,श्वेत वस्त्र में भी, विद्या के अनंत रंग फेला रही
मनोहर चिनार के पेड़ कब पतझड़ में विचलित होते।

बहुत कुछ कहने को व्याकुल है सृष्टि
एक वाचा कहीं से कोई ला दे
गुलाबी वर्षा में पात को जो चमक दे पाता
मल्हार-सा कोई राग कभी तो कोई रच देता।

नौ रत्न तानसेन, या कोई अजंता की गुफा
दुनिया के कितने अजूबों में कब वृद्धि देखने मिलेगी
संसार चक्र की तेज़ गति में मनुष्य पिस्ता जाता
शब्दों में तराजू ज्ञान का कब मापदंड दे पाता।

पत्थर युग का आदी मानव
और आज का यंत्र प्रभावित मनुज
फ़र्क़ इतना, सोच विचार, उर्मी भावना
जो प्रदीप्त है आज में,
वस्तुतः अनुपस्थित उस भूतकाल के पृष्ठ पर।

❐

62.

माँ पिता का रत्नमध्य जो था
एकमात्र संतान जिनका कलेजे का टुकड़ा था
पालन पोषण जिसका हुआ था विलासी
आज सदन का चिराग बुझ गया।

उन्मुक्त ज़रा था वो लाडला
घुड़ सवारी में जो था प्रवीण
शौक़ जिसके थे रजवाड़ों से
रजत सुवर्ण में जो हमेशा था पला।

एक अभागे दिन की बात है
निकला था वो शहज़ादा घूमने
यार दोस्त सब गाड़ी में थे सवार
हाला का नशा सिर चढ़कर बोलता।

नहीं था इल्म जरा-सा भी
दुनिया में नियम नियंत्रण लाज़मी है
हर जगह मनचाहा नहीं चलता
अहो, क्या नियति भी रंग लाई।

तासीर जिसकी इतनी प्रभुत्वपूर्ण थी
जिसके माँगने से हजार मिल जाते थे
उसी बदनसीब पल, सड़क से आ रही एक गाड़ी
तेज़ गति दोनों की आमने-सामने थी।

नियंत्रण छूटा, दोनों वाहन टकराए
प्रलयार्थ शायद था यही उसका नसीब
अस्पताल पहुँचे माता-पिता
जैसे युग नेत्र नीर बहाने लगा।

अरुणिमा से भरे शोकाश्रु परिवारों के,
अंतिम दर्शन को सारा गांव एकजुट हुआ
कथानुसार ईश्वर की इशिका जो थी
शशि, सुरेश, धरा, व्योम कुछ नहीं, यह तो समूचे
अंतरिक्ष का रुदन था।

❐

63.

ये दिल है जो पन्ने पलट रहा
नहीं जिसकी कदर की जा रही
उसी के गौरव को टटोलता जा रहा
थम जा मेरे दिल, यहाँ मोहब्बत सस्ती है।

बिक जाती है यहाँ हर बात
केवल दर्पण था जो सत्य दिखलाता
अब तो वो भी मिट्टी धूल से ढँक गया
अक्स को ग़लतफ़हमियाँ होने लगी।

मेरे होठों की लिपस्टिक या मेरा काजल
आज श्रृंगार भी कुछ धुंधला-सा
कोहरा जैसे छाया है फ़िजा में
रंगत आसपास की, कुछ मद्धम हो गई।

वो ग़ज़ल की तालीम कुछ गहरी थी
आज विचार शून्य मन में
फिर भी शब्द उछल रहे
मानो कोई तितली जंगल में टहल रही।

शायद मेरे भीतर का बालक
अभी भी शरारत कर रहा
कहता पकड़ लो इस तितली को
किताब के कोने में छिपा दो।

जो गुज़र गया किसी ज़माने में
वक्त की नज़ाकत तो समझो
भूल जा उन बेफ़िक्री के लम्हात
अब ज़िंदगी में समझदारी प्रवेश कर चुकी।

❒

64.

मैं, मैं और सिर्फ़ मैं
एकाक्षर दुनिया मैने आज समेट ली।
दुनियाभर की पीर कब तक मुझे रुलाएगी
कब तक मेरी साँसें मुझ को अपने आप से ना
मिलवाएगी।

मैं, मैं और सिर्फ़ मैं।
इस पड़ाव पर कब तक प्रश्नार्थ चिह्न चटकाएँगे
मेरे अस्तित्व के अर्थ कब तक मुझे तड़पाएँगे
ख़ुद को कब तक ख़ुद से दूर रख पाऊँगी।

मैं, मैं और सिर्फ़ मैं।
मन मेरा मेरे तन के भीतर है
फिर ग्लानि क्यों, विषाद क्यों
कब तक कस्तूरी की खोज जारी रहेगी।

मैं, मैं और सिर्फ़ मैं।
मेरी वास्तव पिपाशाएँ
कुछ अध मरी-सी हसरतें
कब तक मेरे पिंजरे से मुक्त हो पाएँगी।

मैं, मैं और सिर्फ़ मैं।
हूँ नहीं कोई संपूर्णता का उद्गार
मेरे अपने सपने, कुछ पराए भी अपने
मेरी जीवन ग्रन्थ को कब तक बाहर पेश कर पाऊँगी।

मैं, मैं और सिर्फ़ मैं।
दुनिया की प्रेक्षित, निर्मित और आधारित
इस ढाँचे में समाज के
कब तक घुटन स्वीकार करूँगी।

मैं, मैं और सिर्फ़ मैं।
आज मेरी मुलाकात है, ख़ास तारीख़ है
मैं अपने स्वप्नकोश में विहार करूँगी
हाँ,आज मैं प्रथम बार स्वयं से मिलूँगी।

❐

हे ईश्वर उस परदेस गमन पर मेरे साथी

65.

मुझे बहुत याद आते हैं
विशेषतः थे जो अवलंब जीवन भर
कुंठित आत्मा मेरी उन्हें फिर पुकार रही।

वो भी क्या दिन थे, कितनी सुहावनी शामें थीं,
छुट्टियों में गांव की गोधूली बेला
जब हँसी ठिठोली होती थी
बेला महक उठता, फूलों का साम्राज्य।

गाँव के शिवालय में संध्या थी
डमरू के नाद पर झूम जाता भक्तिमय मन
बेल गाड़ी में वो घूमना वादियों में
बैल के गले की घंटी,आह कितना सुंदर स्पंदन।

उस आश्रम में मरघट से लौटे वृद्ध लोग
मर्सिया व्यवहार पूरा कर रहे
वैधानिक कार्य संपन्न करके
अपने-अपने कक्ष आराम कर रहे।

आश्रम की गोद में जैसे बह रही नदी
पूनम के चाँद की ख़ूबसूरत चाल
जैसे सुरबाला कोई पनघट मटकी ले जा रही

वो रातों को नदी तट पर अंताक्षरी खेलना
गाँव की बुड्ढी मौसी गीता सार सुनाती
नन्हे आए खीर ठंडी अपने घर से
हम क्षुधा तृप्त होकर घर लौटते।

प्रिय साथियों, चिट्ठी में इस बार
अवश्य लिखूँगी, अपने देश में भी रोटी है
लौट जाओ, आज यादों की तलवार कहीं कहर ना ढा दे
अपना देश, आख़िर अपना होता है।

❒

66.

नमक अश्रु का यूँ तो खारा है
अपितु वह नमक चुभता नहीं।
ये कुछ अलग नस्ल है
इसे व्यंजन में नहीं पका सकते।

परिताप जिसने सहा है
परिपूर्ण रूप से जो पिस गया
उपयुक्त घृणा कभी जिसने चखी नहीं
यद्यपि जो निर्दोष है, सहज भावनाओं को जो
अभिसार करता।

नव स्वर्ग की कामना किसने नहीं की,
वर्तिका उठा जो युद्ध लड़ा,
शब्दों के चक्रव्यूह में जिसने रिपु परास्त किया
कुछ स्नेहमध्य का आकार बना चुका।

अश्रु की कीमत वह जान चुका
व्यर्थ ना इसे बहाता
जो ठोकर खा उठ खड़ा हुआ
वही वास्तव में परिस्थिति भी जीत गया।

वायस बैठता जिसके मुंडेर पर
श्राद्ध का नियम जब पूर्ण होता
वैधानिक रूप से जो जीवन कुंड में कर्म करता
कर्म के साथ पाप पराजित करता।

लाल सुरा जिसके भीतर है
लाल रक्त के साथ मिला हुआ
वह सोते जागते नशे में
अपितु उन्माद से ऊपर का पायदान चढ़ गया।

प्रतिवेदन जो रात दिवस करता
निर्वाण वो भी तो पाएगा
हर मर्ज़ वो कुंदर से दूर करेगा
संजीवनी तो जैसे उसके आँगन खिलती।

ऋषि विश्वामित्र के समान
ध्यानमग्न रह जाता
रातभर अंतरिक्ष को मन समेत
सुबह समाधि को आलिंगन कर देता।

❐

67.

अशेष राज्य आज अतिवृष्टि से घिरा
अंबुधि में वस्तुतः कुछ कुदरत का प्रलय-सा नृत्य,
कुदरत सृजित आपत्ति लगती लटकती तलवार-सी
विद्यापति भी कुछ प्रतिवेदन कर रहा।

जिस हिमपति में आज कैसा खेला
प्रतिद्वनी में गूँज रहा विनाश का नाम
भिखारिणी जैसे हर माँ, हर घर
आज हुई है नारी कितनी लाचार।

मवेशियों की भी क्या दुर्दशा
मूक जानवर बह रहे कोपित नदी की लहरों में
क्या झोपड़ी, क्या महल
जलमग्न हुआ है आज ये जहाँ।

ध्वंस राग आलाप रही कोकिला जैसे
विशालतम व्योम से गिर रहे बूंद के तीर
दामिनी की तलवार भी प्रलयार्थ जैसे
कुछ मौत के घाट उतर गए।

प्रमाद जैसे कर रही प्रकृति
प्रभु भी कहाँ प्रार्थना सुनते
महोच्चर हो रहा समस्त दिशा
प्रकृति प्रकोप कब शांत हो।

सिंह नाद करे यदि कोई देव
क्या पता किस तरह प्रकृति को प्रशांत करते
नीलम धन जल्द हो विराम
वरदान माँगे यही हर नर जन।

❑

68.

सावन मास आ भी चुका
व्योम वीणा बेसुरी लगती
निर्मेघ लगता उसका व्याप
अन्तरिक्ष में विकिरण गति भी प्रश्न।

कला करना जैसे भूल गया
विशाल-सा मयूरा अपने रंगीन रंग रूप में
जैसे कोई स्वर्ग की सुषमा का प्रियतम
विरह वेदना में अकुलाता।

मेरा आंगन कब जलमग्न होगा
बेसुध दिखती उसकी काया
कब बूँदों की जाली बिछेगी
नन्हें, मुनिया भी अब तो आकाश मे नज़रें बिछाए।

सुमंद हवाएँ चारों ओर से आती
कुछ ठहरे बादलों को भी चुरा जाती
नभ की नित्य नीलिमा भी काली-काली कब होगी
पपिहा,कोकिला की जुगलबंदी देखो कब माहौल सजाती।

उपवन में भी जीव प्यासे-प्यासे लगते
निबिड पेड़ों का साम्राज्य ख़तरे में लगता
झील, नदी सब का नीर सुख चुका
इंद्र देव कब कृपा बरसाएंगे।

हे धनक, तुझे प्रकृति मनोहर गीत सुनाती
गगन हिंडोले जब समा बाँधेंगे
अचेतन दिखता हुआ ये प्राणवायु
कभी तो नव स्वर्ग सा, इस पृथ्वी को संशोधित करेगा।

❒

69.

विकराल और निबिड़ नभ जो रजनी में था
इस पल, वह उदयाचल हो गया
ऊषा की गहरी अरुणिमा चूनर लहरा रही
उड़ान भरते विहंग जैसे उसकी किनारी सजा रहे।

मुर्गे की बाँग हो चुकी
मंदिरों में मंगला आरती बेला है छाई
ज्योतिधारा उस दीप से सारा माहौल रोशन हो रहा
शायक की नोक पर तिमिर अंतिम घड़ियाँ गिन रहा।

साधु ने अलख जताया है
चूल्हा गर्म भोजन पक रहा
खग्रास ग्रहण जो भू को वेदना में घिरा देता
आज उद्यमी नवीनता के अमर उजाले में धुल रहा।

बाग बागीचों में गुलाबों की पंखुड़ियां
शबनम की जाली से लदे दिखते
अशेष हुई है धरा की प्रफुल्लित हवा
जैसे किसी उत्सव की हो रही हो शुभ शुरुआत।

अलसाय पाठशाला के कुंठित विद्यार्थी
एक साथ दौड़ रहे भेड़ बकरियाँ
गाँव की वृद्ध नारियाँ अवलम्ब जिनकी लकड़ी है
दिनचर्या में प्रथमेश को कार्यशील हर कोई।

झटक रही जल अपने केश से,
ललनाएँ दर्पण समक्ष खड़ी है
सुहागानों का सिंदूर जैसे आकाश ने उधार लिया
अनेक मनोहर रंगों से जैसे सृष्टि जगमगा रही।

❐

70.

याद बहुत आता है
याद बहुत आता है
दो खिड़कियों वाला प्यार।

गर्मी के मौसम
जब मिले तुमसे हम
दो खिड़कियों वाला प्यार।

सोलह सावन की उम्र
नादान तुम और हम
दो खिड़कियों वाला प्यार।

गरबा का मैदान
क्रिकेट का वो खेल
दो खिड़कियों वाला प्यार।

लंबे बालों का वो जादू
मैडलों की बरसात
दो खिड़कियों वाला प्यार।

रात भर वो नज़रों की चोरी
वो जामुन का पेड़
दो खिड़कियों वाला प्यार।

सीखा गए हम तुम दूजे को
प्रेम का पाठ
दो खिड़कियों वाला प्यार।

❐

71.

आज बारिश ज़िद पर अड़ी है
कहती है रातभर बरसूँगी
जिस उमस ने मारडाला जगत को
उसका ख़ात्मा आज निश्चित है।

धो डालूँगी हर पत्ती को
स्नान करा दूँ हर सदन की छत को
नदी नालों को उफनती कर दूँगी
समुंदर की तेजी में इज़ाफ़ा कर दूँगी।

धुल जाएगा मेरे अभिषेक से हर शिवाला
हर बालक की कागज़ वाली नाव बहा दूंगी
छत्री को कौवा बना देगी पागल पवन
हर खड्डे गली गलियारों में,जल मेरा ही स्थापित।

रोम-रोम हर स्त्री का बहका दूँगी
हर धड़कन पुरुष की महका दूँगी
उन्माद कहो या कहो अग्नि
एक चिंगारी प्रेम की हर दिल में जला दूँगी।

सावन भादो में त्योहारों की कतार लगा दूँगी
कभी गणेश की मूर्ति में छिप जाऊँगी
कभी जन्माष्टमी की आधी रात को सम्पूर्ण कर दूँगी
व्रत उपवास के दिन आह्वान करूँगी।

मेरा मंसूबा केवल प्यास मिटाना नहीं
या हर रेगिस्तान को उपजाऊ बनाना नहीं
हर काले जलघर की रूपहरी लकीर मेरे हस्ताक्षर
मैं मात्र ऋतु नहीं, मैं प्रकृति की प्रेमिल अभिव्यक्ति हूँ।

❐

72.

जीवन द्वार पर,मन कलश रख
खुशियाँ पधारो, स्वागत है।
हृदय के कोने से स्फुरित किसी उर्मी
वाचा दो उस मूक अनुभूति को।

गगन हिंडोले खा रहा
जीवन का उतार चढ़ाव
सूर्य नमस्कार है
सितारे भी निशा को चमका रहे।

मेरे हस्त बनी खीर,
भगवन स्वीकार करो ये प्रसाद
मन मंदिर में आरती का स्पंदन है
पावस में परिताप किसी तिमिर का।

आँगन सुशोभित तुलसी का पौधा
उदयाचल बेला किरणों का पहरा
मेरे घर में अमर उजाला आदित्य का
अगरबत्ती की सुगंध सभी दिशाओं में।

खिड़की से जैसे शीतल पवन का आवन जावन
सुख दुख की किताब में वर्तिका से कुछ शब्दमाला
अंकित कर दूँ
कुछ अंजान यधापि परिचित दिल को,
रंगोली रच रहा कोई देवदूत।

सत्व आकार जैसे हिमगंगे
जीवन के अध्यात्म ग्रन्थ
ऋषि व्यासजी जैसे मुझे उंगली पकड़
मेरा मन रच रहा कोई आत्मबोध।

❐

73.

आज मुझे एक अचंभा लगा
मोबाइल के दौर में
चिट्ठियों का माहोल गर्म जोशी से मुस्का रहा
यार, कुछ तो इनायत करो।

दर्द हो रहा उड़ते तोते को
पिंजरा छोड़ने का मलाल है
दो मिर्च भी अब कहाँ नसीब हो
दिनभर टहलकर कौन सा बसेरा जहाँ लौटा जाए।

हम ना किसी के हो पाए
ना हमारा कोई
खैर, कोई गिला नहीं
सारी जायदाद कलम को वसीयत कर दी हमने।

महफ़िल में आज चर्चा बहुत रहा
ग़ज़ल मकदूम करनेवाला
आख़िर तक अपनी पहचान न दे पाया
क्या अफसोस कि नाम उछालने वाले ख़ुद ग़ज़ल
कभी न लिख पाए।

चिराग जलते हैं उजाले के लिए
किसी बंजारे-सा उनका दस्तूर
आज इस महफ़िल कल कोई और सही
ख़ुद जलकर माहोल में आँखें सेकनेवालो की रवायते बन गए।

झील किनारे भर सर्दियों में
आए हैं विदेशी मेहमान
देश के परिंदे कुछ हैरान
कहीं किसी से मोहब्बत ना हो जाए, धोखा उनकी तासीर हे,
उनके जाने का दस्तूर जग जाहिर है।

❒

74.

मैं जिस्म को दुपट्टे से ढँकती हूँ
शायद तुमने हवाओं को रिश्वत दी
मेरे दुपट्टे को सरका जो देती हैं
ये रुसवाईयाँ अजीब है
तेरी शरारत भी कहाँ कम हैं।
अगर हो सच्चे आशिक़
दुपट्टा सीने से सर तक सरका दो
मेरी प्यासी निगाहों में काजल फेला दो।
उन नज़रों से जो खारा पानी बहने लगा
तेरे अक्स को आइना धुँधला करने लगा।

तेरे आने का सबब कुछ इतना
जो मुलाकात की थी तुमने पहली दफ़ा
मेरा ग़रीबखाना आज भी तेरे जिस्म की महक से
झूम उठता है।
भरकर जो प्याला छलकता है
मुझे तो तेरी निगाहें काफ़ी है
हाला चखु ऐसी मेरी हालत कहां।

हमको जो नसीब हो तेरी मुलाकात
सिफर से ऊपर वरना आँकड़ों की कमी नहीं
दीवानों की कतार वरना कहाँ नहीं।

❐

75.

कुछ तथा कथित समझदार जीव
अपने घमंड से ऊपर उठ नहीं पाते
कोई उन्हें समझाए क्या नियम है
दशानन भी अहंकार की राख बन गया।

इंसान जब सफलता की सीढ़ी चढ़ता है
कई विकल्प उसके लिए खुल जाते
अगर विनय और विनम्रता ना आत्मसार करे
उसका विनाश तभी निश्चित हो जाता है।

बड़े बुज़ुर्ग को यदि अनदेखा किया
क्या अर्थ फिर उस विलास का
जिस दौलत या नाम को वह पूँजी समझता
एक दिन उस बरकत विहीन वैभव
उसकी दरिद्रता की वजह बन जाता।

सारी दुनिया को चलनेवाला एक मुरलीवाला
किंतु माँ के आगे वह अपनी महानता भूल
माखन चोर बनता और माँ की सजा सस्मित
स्वीकार करता
फिर हे मानव देख तेरी हैसियत।

जो जितन-जमीन से जुड़ा रहता
वह अपने सुबोल से दुनिया का दिल जीत जाता
इतिहास साक्षी है
तानाशाही केवल नीच योनि में पुनः जन्म लेता
कर्म की कथनी से, ऐ घमंडी पुरुष डरना सीख ले।

❐

76.

वह निकल पड़ता, कूच उसकी रोजाना
कभी इस शहर कभी उस शहर
उसकी आवारगी पर सवालिया निशान
अपितु उसका विस्तृत इतिहास।

अनल के ताप से वो नहीं भयभीत
मरघट पर रात गुज़ारते शिवजी
और वह उनकी भक्ति में बढ़ चला
अंगारों को जो निगल गया, क्या कहने।

उसकी खोज एक रहस्यमय विषय
ज्ञात जिसको वही माप पाया कौन
नहीं नहीं, वह नहीं सोने चाँदी का शिकारी
नहीं वो किसी मदिरालय का चाहक।

उसकी आँखों में सूरज-सा अमर उजाला है
वह मंच को हिला दे,इस कदर काव्यपाठ करता
वो नहीं कोई अभिनय का उदाहरण
और नहीं कोई नाट्य मंडली का सदस्य।

उसकी धार भरी बोली
कल्पना की अभूतपूर्व ऊँची शैली
सरस्वती की कुछ अपार विचारधारा
जी, वह शब्दों का सौदागर, एक साहित्यकार।

❐

77.

मेरा जीवन बाग बगीचा
था हरा भरा और निर्बिद कांटों से आजाद
अचानक कोई शत्रु ने किया पीठ पर वार
जैसे कोई खूबसूरत चंद्रमा धोखा दे बढ़ चले।

कल की बात है,बहुत दूर नहीं
दुर्वा मेरे बाग की मुस्काती
ओस की बूंद उसे लुभाती
क्या पता वह बूंद क्षणभंगुर है।

उस ओस में खूब उल्लास मनाते हम थे
अंतर्मन को ज्ञात था सत्य क्या है
अभी दिवाली दूर है
मन से मन अभी जुड़ा नहीं।

तांडव नटराज है वर्तमान का चित्र
तीसरी नेत्र अभी खुली हुई
विध्वंश का करता जागरूक है
निर्माण का दीप अभी केवल वर्तिका में उपस्थित।

मेरा माली अब थक चुका
कहता वासंती दिन कब लौटेंगे
पराग निगोडी व्याकुल है
भृंग जैसे खुशी को भूल गए।

आया बच्चों का टोला
वल्लरियों में जान आई
तेज़ ग्रीष्म से व्यथित
कुछ देर में बाग फिर वीरानों की वात छाई।

आए वृद्ध दादा दादी और उनके दोस्त
माहौल कुछ विवेकशील बना
मेरी दूर्वा फिर थोड़ा चेतन ...

❐

78.

ये जो कैलेंडर मेरी मेज़ पर है
हर दिन उसकी चिपकी तारीख़ को मैं काटती हूँ
हर साल वह मनहूस तारीख़ आ ही जाती है
आज में ऐलान करती हूँ,
वह तारीख़ मेरे जीवन के कैलेंडर में सालों बीते,
मृत हो चुकी है।

फ़र्ज़ी लगता मुझे आज तक
उस डॉक्टर की पेशगी
जिसने मेरे पिता को मृत घोषित किया था
मैं जिस जोश से हर सुबह उठती हूँ,
मुझे वही ऊर्जा मिल जाती है,
जो बचपन में पिता नींद से उठाते थे।

उन आँसुओं की क्या कीमत रही होगी
जो मेरे परिवार ने बहाए
मुझे आज भी यादें उन लम्हों की खाली पड़े
किसी प्याले समान लगती।
सब कुछ वैसा ही तो है,
शायद...
आज मेरी अलमारी के कोने उन तोहफ़ों से बोझिल है।

जन्मदिन की वो ग्रीटिंग कार्ड की थप्पी
पिता की लिखाई वाली वह स्याही
आज भी समय के साथ धुंधली नहीं हुई।

अब ना तो आँसू आते हैं, ना वो सदमा,
सदमा शायद कहीं ख़ुद मर गया,
बहती हुई अस्थियाँ उन सरिता के जल में
सुदूर जैसे कहीं आज भी लहरों संग बह रहीं।

घर बदल गया, शायद दिनचर्या भी,
नए रिश्ते बँधे, कुछ पुराने कहीं
उस श्रृंखला के साथ धुंधले पड़ गए
वक्त का तकाज़ा है, हर घाव भर जाता है
मुझे आज वह ज़ख्म ख़ुद जैसे ढाँढँस बंधाते।

मृत्यु और जीवन, एक मात्र प्रारब्ध के सिक्के हैं
समंदर में कहीं, थोड़े द्वारिका में, थोड़े चांदोद में, थोड़े बड़ौदा में
जैसे हर उन स्थानों पर पिता के हस्ताक्षर आज भी दिखते
कभी जन्मभूमि तो कभी कर्मभूमि, तो कभी कुछ और,
आदमी मरता नहीं, मौत उसे ले जाती है
आदमी के कर्म,
उसे अमिट स्वर्णिम पृष्ठ पर अंकित कर देते हैं।

❑

79.

मुझे आज भी तुम याद आते हो
मौसम बदल रहा, फ़िजा मचल रही,
तेरी मेरी कल रात वाली फोन पे बात
मेरी रचनात्मकता को कई महीने ईंधन देगी।

तेरी तस्वीरों में कायम है
कायनात के सुहावने शक्ल-ओ-सूरत
मैं दिन में हज़ार बार तुमसे बात करती हूँ
तब जाकर जीना शाद हो पाता है।

हवसपरस्त इंसानों की गंदी नज़रें
आसपास की हल्की तहज़ीब
तुम दूर हो, लेकिन मेरे लिए झील
वो झील जो घर के पीछे है।

खिड़की खोली आज अरसों बाद मैंने
एक बाँका पौधा आज विटप बन चुका
अहो, दो प्रेमियों का आलिंगन देख चुकी
इस गुस्ताख़ी पर मुझे मोहब्बत के ख़ुदा माफ़ करना।

हो जाए फिर कोई कामयाब मोहब्बत की दास्तान
कोई लैला मजनू फिर तो उपजे
उपजे इस नफरत की जजीर पर
खिले कोई तो गुल,
गुलिस्तान कोई तो शिद्दत से रंग दे।

तुम्हारी ख़ुशबू आई है पूर्वा से
लेकर तुम्हारी ख़ैरियत का पैगाम
नहीं ज़रूरत अब किसी ख़बरी की
ना कोई डाकिया, कबूतर या कनीज।

ज़माने इश्क़ के लौटे अभी हैं
फिर कोई अक्स आईने में दिख रहा
खिड़की से नाउमीदी की बदबू फना हो रही
आम के पेड़ तले, कोई और नहीं, हम तुम ही खड़े है।

❑

80.

जिसकी कभी ना ख़्वाहिश थी
वही प्रेम उधार मिल गया,
मेरे दिल को जो पसंद था
विश्वास उसी पे ठहर गया।

उजालों के ख़ूबसूरत दिन थे
तितलियों की अजीब जात थी।
शामों को सँवारते विहंग थे
रातों में जगमगाते जुगनू थे।

मेरी राह देखता आकाश का तारा
नीचे ज़मीन पर बिखर गया
मैं जिसको प्यार करती रही
वही तारा मुझे बिखरा मिला।

गुलाबों का सुर्ख़ रंग कहीं
मेरे लबों पर छा गया
मैं जिस रंग से होली खेली
वही बसंती दिन मेरे होने लगे।

पूनम का चाँद मुझे ताकता
मैं उसे देर तक निहारती
रातें गुज़ारी खुली सड़कों पर
सुबह का ओस सिमट गया।

❒

81.

फ़र्क़ है मेरे दोस्त, क़ल में और आज में
बीते लम्हें थे जैसे कोई सुवर्ण कड़ियाँ
आज लोहे की सलाख़ों पीछे
घुट रहा अंतर्मन है।

कभी भीड़ भी स्वर्ग-सा एहसास करवाती थी
अपनेपन की चिर अनुभूति साथ-साथ चलती थी,
आज तीन लोग भी जल्द घर आ जाए इतनी
घबराहट होती है जितनी
झप्पियाँ भी अब क्रूरवर लगती हैं।

कुछ रक्त के संबंध कितने पक्के थे
आज निर्जीव तस्वीरों में दीवारों पर लटक रहें
प्यार जिस हाथ का माथे पर स्पर्श होता
आज चंदन के हार के पीछे कुछ अनमाना-सा
लगता।

मोमबत्तियाँ मुझे रुलाती हैं
कुछ ख़ुद मोम पिघलाती है
ये कैसा कयास मैने आज किया
किसी अनजान के प्रेमिल स्वप्न मुझे यूँ मुस्काते हैं।

राधा क्या मीरा क्या
मुझे ज्ञात नहीं, कुछ तो बात उस युग की
गोपियाँ रातभर रास करती
आज के युग में कहाँ इतनी चेतना।

मंदिर में मूरत जो स्थापित है
मुझे घंटों सवाल करती
क्या जो छू जाती है, वह भगवन की मीठी दृष्टि है
या ख़ुद प्रभु अपनी रचना पर अफसोस जता रहा।

❒

82.

वो मुलाकातें, वो लम्हें
कब तक छिपे रहेंगे
खुल के मिल हमदम मेरे
कब तक जवान रहेंगे।

हाथ तेरा हाथों में जो है
जुदाई की क्या हिम्मत रहेगी
खींचे आयेंगे मोहब्बत के फसाने
रुसवा कब तक ये हमसे रहेंगे।

भोर भए बीच नदी में
पतवार को क्या पता
तूफान आने को है
कैसे मांझी फिर नाव चले।

रातों की बिंदिया बना वो चांद
कैसे फिर तम ग्रहण लगेंगे
मोहब्बत की लौ जलती है
जलने दो, इसका मज़ा कुछ और है।

लाखों परवाने, शमा एक हे
जलजलों से वाक़िफ़ बहुत कम हैं
घूम कर जैसे परवाने, अंतरिक्ष में
कितनी उल्काएँ चक्र में बिंदु हैं।

❐

83.

कल तक जिसके सपने देखे
आज वही है रूबरू
उसे कैसे भुला दूँ।

नाम लेना उसका गुस्ताख़ी
नज़रें टकराई कई बार
आँखें हुई दो से चार।

गुलाबों से जो रंगत मैने ली
होठों पर उसका श्रृंगार
इतना हुआ वो दीदार कई बार।

शामें रंगीन हुईं, सवेरा सुनहरा
रात की तन्हाई में जागी
लचक जाए, नींद भी भागी।

प्रीत मिली थी जिस राह
खड़ी हूँ में बेकरार
कब तो हो इकरार।

❐

84.

कुछ हल्के किरदारों के बेवफ़ा होने से
रिश्तों का जीवन सिलसिला
विनाश नहीं पा सकता है।
हमसफ़र कई मिल जायेंगे
केवल एक निष्फल संबंध से,
प्रेम गीत विनाश नहीं पा सकता है।

पीड़ा पराई कौन बाँटेगा
दो भाईयों के निकट होने से
लहू का रिश्ता बरकरार है
परायों की महफ़िल में कमी,
जीवन उत्सव नहीं विनाश पा सकता है।

संतान कितना ही लापरवाह हो
लाख अपमान माँ बाप का करे
किसी तार पर लटकती कटी पतंग-सी
भले ही आत्मीयता हो
अश्रुओं के दरिया हो,
मातृ आशीष को विनाश नहीं कर सकता है।

दोस्त भी अच्छा ख़ासा हो,
दुश्मन बनने से, कोई क्या रोकेगा
हर दोस्ती की एक्सपायरी डेट होती है
अंगारों पर चले बहुत,
नूतन संबंध कब विनाश पा सकता है।

❐

85.

तुम्हारी यादों को भूलने
जब मैं पहाड़ों चढ़ती हूँ
प्रतिध्वनि में तुम्हारा नाम गूँजता है
ये कैसा नसीब का खेल है।

झील का पानी आज भी वही है
लेकिन जब मैं किनारे कंकर फेंकती हूँ
सामने बूँद मुझे छू जाती है
जैसे तुम्हारे होठों का सावन चूम जाता है।

उपवन की नीरव शांति और पंछियों की आवाज
जैसे कोई परछाई मेरे पीछे पीछे है
कहीं तुम तो नहीं?
देखो ये कोई करिश्मा,
तुम्हारी आवाज़ प्रत्युत्तर दे रही।

मुड़कर उस परछाई को स्पर्श करती हूँ
कुछ अंजाम ठोस नहीं पाती हूँ
झील में एक प्रेमपत्र बहाती हूँ
हे प्रभु,कुछ देर में तुम्हारी तस्वीर बहती मेरे पास आती है।

दुनिया का कितना निराला सत्य है
जो माँगो, जो चाहो, जो सोचो
कुदरत वही लौटाती है
नतीजतन , आज तुम मेरे समीप बैठे हो। ❐

86.

थी कभी तू भी अमृत सरोवर का प्राण
साधना की तूने अभ्यास किया प्रति पल,
किंतु जिस सोबत से तू प्रभावित हुई
अवलाम्ब बन पाना तेरे जीवन का तेजाबी सत्य।

अति सुन्दर नर्तकी थी किसी जन्म
किसी देवलोक की अप्सरा, अहो।
सिहरने लगते थे महाराजा तेरी भाव भंगिमा से
विष प्याला ग्रहण कर, तूने चिरंतर बनाया था।

है आज की तू ताजपोशी की मल्लिका
तेरे रूप रंग इस जन्म भी उतना ही आकर्षक।
प्रदाह तुझे अपने ही कर्म का
मत अतिरेक चिंतन कर इस विषय पर।

प्रत्यगत तेरा मान सम्मान होगा
वचन ले तू अपनी इस शुभ चिंतक से,
विलंब ना अब विचारों से पीछे हट
आगे बढ़ अपने कर्तव्य पथ पर।

यद्यपि तू भयभीत थी पिछले जन्म में
इस जन्म तू कोई क्षत्रीय नारी सी बन जा,
राज दरबारों में तूने अनमने ही नृत्य किया था
आज निरंजना का आशीष ले, विद्या पथ अपना ले।

श्वेत आवरण में सजी माँ सरस्वती
तू उनकी छवि सम्मुख आज नुपुर फिर धारण कर
मंच सजा हो किसी ज्ञानपीठ के छात्रों से
आज तू बेताज सुकन्या बन जा।

❐

87.

हे हिम गंगे का महा ज्ञान विस्तृत करनेवाले
किसी महान दिव्य सुगम कथा के रचियता
कब तक प्राण तेरी रमनी के राह तेरे देखेंगे
तू कभी धीर गंभीर हो जा।

तूने शिल्पकार सा, ओमकार बनाया अपना जीवन,
क्षुधा तृष्णा को विस्मृत करके भी
केंद्रित रखे अपने निशि और दिन
अपना कर्तव्य निभाया,
कभी भी प्रियतमा को अधिक महत्त्व नहीं दिया।

धूमिल होंगे वे दिन जब तूने निद्रा को परास्त किया
शुद्ध मन से किसी दरिद्र का झोला भरा
याद नहीं किसी को, किंतु किसी संप्रति की ग्रंथ कथा
जैसे अमिट छाप छोड़ जाती, तेरी आभा मंडल किसी
मंडलाकार समान श्रृष्टि में घूमेगी।

कभी भी क्षीण ना हो तेरा मनोबल,
तेरी रचनात्मकता को ईंधन मिलेगा तेरे अध्ययन से
तेरी घोर तपस्या व्यर्थ ना जाने देंगे व्योम के महाराजा
रिपु भले बन बैठे हो असंख्य निर्बल जीव।

आज तेरी प्रेम कथा क्षणभंगुर ज्ञात होती किंतु संतों की वाणी है
तू अमर उजाला है, सृष्टि के तम ग्रहण में भी चमकेगा
बनकर कोई झिलमिल सितारा,
तेरा नाम सुशोभित रहेगा। ❐

88.

मैं हूँ एक निश्चल स्त्री,
स्वरचित जीवन कविता को पढ़ती
दर-दर साँसें बहकाती
ख़ुशबू में जैसे ख़ुद पिघल जाती।

शरबती गीतों को पी गई
रूबाई आत्मकथा का जेवर तन पर सजा
बिन सिंदूर के प्रेम काव्य को सराखों लिया
काव्य का अभिन्न अंग दिन रात गले लगाती।

कुछ प्रेम ने अनुभूति दी
बाकी सम्मुख किरदार ने सीखा दिया
जीवन ग्रन्थ के हर पन्ने पर स्याही छलकाए
रोम-रोम उपवन की हरियाली को आलिंगन किया।

अक्षरमाला से तुम्हें वंदन करती,
कुछ भावनाओं की चटाई तुम्हारे लिए बिछाई
रजनीगंधा से गुलदस्ता बुनकर तुम्हें अर्पित करती
विरह वेदना को स्वयं सहकर दीप्तिवान प्रेम गीत लिखूँगी।

आज कितना परिताप तुमने सहा
या कितनी मैं भयभीत हुई
अर्थ नहीं इन बातों का
कविता अब गहरी सरिता बन गई।

नदियों में टहलती मीन समान
मेरे अंतर मन में तुम विचरते
मेरे अंतर्मन की ख़ुशी की कुंजी तुम हो
जानकर भी ना जाने क्यों अंजान मुस्काते।

अनुभवों की सीख लेकर मैं तो कदम बढ़ाती
जीवन यात्रा में जैसे कण कण मुझे तुम्हारे समीप लाते
ये है कोई सतरंगी-सी अलग ही दुनिया
कुछ प्रारब्ध का खेल निराला।

छू लूँगी तुम्हें, तुम्हारे मन के आवास में रह जाऊँ
आज अगर कोई कहे क्या
मेरा काव्यसंग्रह तुमसे, तुम्हारे लिए
नहीं मात्र कल्पनाएँ, नयन कक्ष का मोती है।

❐

89.

प्रिय दोस्त मेरे, क्या हाल बना लिया
उस प्रेमिका के अंध प्यार में
तूने स्वयं को गुम कर दिया,
प्रेम दीप कब तक ज्वलित रखोगे।

धीरज धर तू शायद प्रेम दूत है
असंख्य विफल प्रेम गाथाओं में एक और सही
प्रेम गीत तू विचरता रह
तेरे जप कभी तो मूरत को पिघलाएँगे।

बुद्धिहीन कई मानव हैं इस संसार में
जिनके उर पत्थर के निर्मित
रुधिर में जिनके स्वार्थ पनपता
और उनके घर के कल्पवृक्ष सूखे ही रहते।

मुझे लगता कुछ हृदय हीन मानव
हस्तरेखा पर कहीं भी स्नेह चिन्ह नहीं दिखता
जो वंचित हैं इस अद्भुत अनुभूति से
भयानक किसी विषधर से प्रतीत होते।

किसी संदिग्ध धुंधकारी का अलख जगा
वैरग का जिसने शंख बजाया
अहो,देखो कहीं तुम संसार त्याग मत देना
तुम बने हो किसी विशेष प्रयोजन के लिए।

प्रेम सरोवर में डुबकी लगा कर
आलोक कुछ तुम्हारा मुख पाया
अंतर्मन के पटल पर तुमने जैसे
एक अतिसुंदर प्रेम गीत लिख डाला।

यही प्रेम, पिपासा तुम्हारी तुम्हें किसी दिन
अमरता का चोला पहनाएँगे
प्राण प्रतिष्ठा किसी मंदिर में जैसे
तुम अपने भीतर नव चेतन अंकुरित कर दो।

❐

90.

जीवन में ऊंचाई पाने
किसी पहाड़ पर चढ़ना ज़रूरी नहीं,
चमेली की रोनक बिन स्पर्श असाध्य है
यूँही नहीं अभिषेक, शिवलिंग पर आशीष बरसेगा।

मेरी कोरी निगाहों ने
सालों काँच के सपने देखे
टूटा कई बार अंतर्मन
सपने ना जाने कैसे टिक गए।

बरसाती शीतलता आग मन की
बुझा नहीं पाई
और नदियों से उफनता हुआ बाढ़
पूरे शहर को निगल गया।

हरियाली खेतों में मंद मुस्काती
फूलवारियाँ जैसे रंगीन चादर बिछाती
उन प्रकृति के बिंब लेकर
कोई मनोहर चित्र बन जाता।

रात हुई तो, चाँद दर्पण से जी चुराता
सितारा एक विशेष, चंद्र के नज़दीक समा गया
पुरवाइयां खिड़की को, खोल बंद करती
जीवन की चाँदनी यूँ ही मिश्री को घोलती।

❐

91.

इस राह से उस राह तक
मैं चलती रही तन्हा यूँ ही
मुझे फिर भी तेरा साथ ना मिला।

अश्रु मेरे टपकते रहे
मेरा चैन उजड़ गया
दिल के काग़ज़ कोरे रह गए।

शामवाला सूरज डूबता है
लेकिन उसकी वापसी तय है
काश तेरी वापसी भी इतनी पक्की होती।

रातें कटती हैं, तेरी तस्वीरों को देखकर
आँखों में नींदें कभी भी नहीं रुकती
गर्दिश के सितारे हैं, क्या कहूँ अब।

वो गुज़ारा ज़माना एक मौसम था
जिसे जाना ही था
काश वो ज़माने नई फिज़ा में लौट आए।

❐

92.

काली-काली रातों के वक्ष पर
जब चाँद रूपहरा आता है
चाँद की छवि पर
वो बुढ़िया चरखा लिए दिखती है।

करोड़ों-करोड़ों सितारे जब
कोई एक उनमें से
चाँद के समीप बैठता है
क्या मनोहर आलम सजता है।

व्योम के महाराजा अपने दरबार में
मेनका का नृत्य निहारे
देवलोक में छाई हो
रोशनी किसी दिव्य चिराग की।

दीप्त हो जब संसार
शायद दिवाली का उत्सव हो
घर-घर बर्फी बने और
आँगन किरणों का पहरा हो।

उपवन में ग्वाले किसी रास में हो
गोपियाँ श्याम धुन में खोई हो
ये कोई दुर्लभ समय का चित्र हो
फिर क्या परवाह युगांतर की।

93.

तू और तेरा प्रेम मेरे जीवन के
एकमात्र लक्ष्य नहीं,
ऊपरवाले ने जब मुझे आकार दिया
निर्मित किया इक मकसद।

मेरा ये जन्म हुआ है
कुछ विशेष प्रयोजन हेतु
मैं लाखों रास्तों से गुज़री
तब जाकर मुझे मेरा जीवन मंत्र ज्ञात हुआ।

सुख-दुख के ताने-बाने में
बुन रहा मुझे मेरा प्रारब्ध
बहुत अड़चने आईं मार्ग पर
और लगातार जारी है।

कोई इक रोड़ा हो तो समझे
प्रतीत होते असंख्य रुकावटें
किस को छोड़ूँ, किसे परास्त करूँ
माया का चक्रव्यूह किस अभिमन्यु से सुलजाऊँ।

कौन सा कृष्ण इस कलियुग में
आयेंगे और मेरा जीवन रथ हांकेंगे
ये विषाद उस सामने वाले खड़े
कुछ लोगों को पराजित करने में, मुझ पर हावी हुआ है।

बड़े बुज़ुर्ग की कुछ अपार विचारधारा
मुझे नहीं जँचती कुछ सबक सूचनाएँ
किंतु लहू का बँधन बाँधे है
आज ये मेरे हाथ पैरों को बेड़ियों में जकड़ रहे हैं।

छल कपट का खेला चल रहा
दिशाएँ धुँधली हो गईं
किंतु रोशनी की कतार आएगी
तिमिर कभी तो विनाश पाएगा।

भय अलग ही प्रवेश कर रहा
इसका कोई न कोई अंत करेगा
कभी तो हिम्मत का औज़ार
द्वार दस्तक करेगी

❐

94.

हम जिधर-जिधर घूमे दुनिया में
पाया इक समान आदमी
वही जो खेलता है
और वस्तुतः स्वयं खिलौना बन जाता है।

बदचलन लोग, यहाँ लंबी कतार है
कोठे तक की रकम जो कमाई है
मुजरों और शराबों में उछालते देखा है
चरित्र की खुलेआम नीलामी देखी है।

प्रेम अब ज़माना गुज़र गया श्रद्धा
आज कल लाल गुलाब की जगह
बिस्तर लाल करते जोड़ों को देखा है
पल में शुरू दूजे में ख़त्म होते देखा है।

विवाह के पवित्र बँधन में छेद है
जिसे देखो, उसे आँख मिलाते देखा है
श्रृंगार की पवित्र झनकार को हमने
सरेआम खरीदते बेचते देखा है।

शराफ़त का चोला तो हर किसी के पास है
मोहब्बत में धोखा देते हर दूसरे आदमी को पाया है
टेबल के नीचे से सरकती नोटों को
हमने हज़ार बार देखा है।

ईमान-ओ-करम को शर्मिंदा होते
आज हमाम में इज़्ज़त लूटते
कितने बेहया इंसानों को पाया
ऐ दोस्त, सँभालकर चलना, सड़क पर भीख माँगते
बेहरूपयों को देखा है।

❐

95.

जीवन की पृष्ठभूमि पर
निशिदिन एक नया चित्र सजे
दिन हो चाहे कोई भी
रोज़ एक नया संदेश मिले।

अपने मन के मंदिर में
नित्य एक शिवलिंग उभरे
अभिषेक रस का हो उस पर
रोज़ एक नया आशीष मिले।

सदन के कल्पवृक्ष पर
भावना का कमल खिले
दिन हो चाहे रात हो
ख़ुशबू चमेली की फैले।

झरोखों से सुदूर दृश्य दिखे
कोई ऊँचा पर्वत हो
बादलों का धाम हो
मन पुलकित हो उठे।

प्रसन्न चित कोई बालक हो
पालने में जैसे कृष्ण झूले
किलकारियों से आवास झूमे
जीवन पृष्ठभूमि पर कुछ ऐसे ही अनुभव हो। ❐

www.ingramcontent.com/pod-product-compliance
Ingram Content Group UK Ltd.
Pitfield, Milton Keynes, MK11 3LW, UK
UKHW041624031026
15587UKWH00001B/43

9 789354 860669